INGE WOLFF

Knigge im Job

So machen Sie immer eine gute Figur

Inhalt

Know-how, Knigge und Karriere – Vorhang auf für den Erfolg

Die ersten Schritte – Bühne frei für neue Geschäftskontakte

Höflich zur Sprache gebracht – in Wort und Schrift

Prima fürs Berufsklima: Einladungen und Feste

Vorwort

»Sei, was du scheinen willst.« *Sokrates*

Wundern Sie sich vielleicht,
sehr geehrte Leserin, sehr geehrter Leser,

über dieses Zitat als Einleitung für einen Job-Knigge? Wenn ja, so könnte ich das gut verstehen. Denn beim Überfliegen bleibt als Erstes »scheinen« in Erinnerung. Umgangsformen im Beruf als »schnöder Schein« also, als Blendwerk? Als Mittel zum Zweck, um Kundschaft »einzufangen«? Als aufgesetztes Getue? Drei Mal ein kräftiges »Nein!« wäre vermutlich auch in Sokrates' Sinn. Sein Satz bedeutet, intensiv gelesen, genau das Gegenteil. Nur, wer tatsächlich ist, wie er erscheinen möchte, wirkt authentisch. Wer von anderen positiv wahrgenommen werden will, erreicht das dauerhaft nur mit einer entsprechenden Grundeinstellung zu den Mitmenschen. Wer sich wünscht, als höflich und sympathisch geschätzt zu werden, muss es sein, statt nur so zu tun, als ob er es wäre. Gute Umgangsformen sind viel mehr als lauter kleine Regelchen. Warum das so ist, lesen Sie in diesem Buch genauso wie viele Tipps für einen angenehmen und stressarmen Berufsalltag. Dabei wünsche ich Ihnen viel Spaß.

Inge Wolff

Know-how, Knigge und Karriere – Vorhang auf für den Erfolg

→ Reines Fachwissen reicht heutzutage nicht mehr aus, um die Karriereleiter zu erklimmen. Das Zauberwort heißt: Softskills. Doch viele wissen nicht, dass zu diesen häufig beschworenen »weichen Faktoren« als wichtiger Teil der sozialen Kompetenz auch die guten Umgangsformen gehören. Wie diese in einem modernen beruflichen Umfeld aussehen, erfahren Sie in diesem Kapitel.

Warum überhaupt einen Job-Knigge? – von alten Zöpfen und neuen Hüten

Das Mini-Quiz für Ihren persönlichen Schnell-Check zu den Themen Territorium, Distanzzonen, Ebenen und Kleidung:

1. Um bei beruflichen Begegnungen Erfolg zu haben, ist es am wichtigsten, dass auf der Sachebene alles optimal verläuft. ❑ richtig ❑ falsch
2. Am leichtesten ist es, persönlichen Kontakt zu fremden Menschen herzustellen, wenn dieser in der öffentlichen Distanz aufgebaut wird. ❑ richtig ❑ falsch
3. Unter den »territorialen Anspruch«, den Menschen haben, fallen nicht nur räumliche Gebiete wie ein Stammplatz oder das eigene Büro, sondern auch Kompetenzbereiche und Gewohnheitsrechte. ❑ richtig ❑ falsch
4. Beim ersten Eindruck spielt die Kleidung eine relativ geringe Rolle. Soll er gut ausfallen, ist es viel wichtiger, in den ersten Sekunden, die ihn bestimmen, auf den Inhalt des Gesprochenen großen Wert zu legen. ❑ richtig ❑ falsch

Haben Sie etwas Zeit, die Antworten herauszufinden? Dann lesen Sie bitte das folgende Kapitel. Möchten Sie das Ergebnis lieber auf einen Blick? Dann schauen Sie einfach auf Seite 125 nach.

»Die Chemie hat nicht gestimmt« – versteckte Fettnäpfchen

Vielleicht kennen Sie den »Chemie-Satz«. Er dient gern zur Beschreibung, wenn in einer Begegnung etwas schief gelaufen ist oder in einer Verhandlung kein übereinstimmendes Ergebnis erzielt wurde. Oft wird das auch so ausgedrückt: »Ich weiß selbst nicht so recht, woran das lag. Irgendwie waren wir nicht auf einer Wellenlänge.« Wie auch immer formuliert: Es ist der zwar unwissenschaftliche, jedoch intuitiv richtige Versuch, ein Phänomen zu beschreiben – das einer gestörten Kommunikation. Wenn es auftaucht, spüren dies die Menschen sehr wohl. Allerdings oft ohne eine Ahnung, woher die Störung kommt.

Der häufigste Grund für »Chemie-Diskrepanz« oder fehlende »Wellenlänge-Übereinstimmung« ist: Die Menschen vergessen, dass Kommunikation immer auf zwei Ebenen stattfindet – auf der rationalen sowie auf der emotionalen – und dass dabei die gefühlsmäßige die Hauptrolle spielt! »Aber doch nicht im Beruf!«, möchten Sie jetzt vielleicht entrüstet einwerfen. »Da haben Emotionen nichts zu suchen. Es geht doch ausschließlich um Sachverstand, Wissen und Rationalität!« Sorry: Widerspruch. Der Mensch ist – und bleibt es auch im Beruf – ein emotionales Wesen. Die frühere Meinung, Gefühle seien im Geschäftsleben überflüssig oder sogar schädlich, gehört zu den längst entsorgten alten Hüten. Seit einigen Jahren hat sich die Erkenntnis durchgesetzt, dass ein hoher IQ – Intelligenzquotient – keineswegs die Garantie für beruflichen Erfolg ist. Weit wichtiger als der IQ ist der EQ, der emotionale Intelligenzquotient. Diese »Intelligenz der Gefühle« ist die Fähigkeit

- die eigenen Emotionen zu erkennen,
- sie auf angemessene Art zu handhaben und produktiv zu nutzen,
- sich zu motivieren und
- sich in andere hineinzuversetzen.

Der US-amerikanische Psychologe Daniel Goleman, einer der Vorreiter der EQ-Forschung, formulierte es so: »Die emotionale Intelligenz ist eine Metafähigkeit, die darüber entscheidet, wie wir unsere sonstigen Fähigkeiten zu nutzen verstehen.«

Dass auch Umgangsformen nur dann optimal sind, wenn sie mit emotionaler Intelligenz praktiziert werden, liegt auf der Hand. Wer meint, das Miteinander durch stures Anwenden von – vielleicht gar auswendig gelernten – Regeln oder mit kalt aufgesetzter Höflichkeit verbessern zu können, irrt gewaltig (→ Seite 23 f.). Die Form, wie ein Mensch mit seinem Gegenüber umgeht – seine Umgangs-Form mit ihm also –, erweckt immer ein Gefühl. Ist dies ein angenehmes, wirkt sich das positiv auf die Kommunikation aus. Ist es ein unangenehmes, wird die Wellenlänge oder Chemie gestört. Zugegeben: In Geschäftsverhandlungen, Teambesprechungen oder Konferenzen brauchen Sie realistische Fakten, sachliche Argumente und Fach-Know-how. Doch all das nutzt Ihnen herzlich wenig, wenn Sie die Wichtigkeit der emotionalen Ebene unterschätzen.

TIPP

Wie wichtig sind die Emotionen?

→ Bitte stellen Sie sich einen Konferenztisch vor, an dem Personen miteinander reden. Oberhalb des Tisches laufen die »rationalen Drähte« zwischen den Beteiligten. In ihnen findet der sachorientierte Austausch statt. Unter dem Tisch – unsichtbar und deshalb von vielen unbemerkt oder außer Acht gelassen – verstecken sich die viel wichtigeren »emotionalen Kabel«. Und findet dort ein »Kurzschluss« statt – sprich: es gibt gefühlsmäßige Blockaden, sehr häufig unbewusste Antipathien –, läuft auch über dem Tisch nichts mehr gut.

Solche Störungen des »emotionalen Kabels« (→ Tippkasten S. 9) können bereits in den ersten Sekunden eines Treffens entstehen. (Übrigens im privaten Bereich genauso wie im geschäftlichen.) Sei es, weil ein »ungeschriebenes Gesetz« (→ Seite 12 ff.) missachtet wurde, der erste Eindruck (→ Seite 18 f.) Aversionen weckte oder Unmut durch nonverbale Signale (→ Seite 85 ff.) erregt wurde. Auch »Unterlassungs-Sünden« wirken sich oft nachteilig aus. Viele Menschen vergessen: Kommunikation ist nicht nur das, was gesagt oder getan wird. Auch wenn etwas unterbleibt, kann das ein starkes Kommunikations-Signal sein – und zwar meist ein negatives. Beispiele: ein vergessener Dank oder Gruß; eine erwartete, jedoch ausbleibende Entschuldigung. Ebenso können im Verlauf eines Gesprächs leicht »Kabel-Schäden« entstehen, etwa durch unbedachte Wortwahl und ungünstige Formulierungen (→ Seite 66 ff.). Es gibt Menschen, die so empfindlich sind, dass bereits eine falsche Begrüßung oder fehlerhafte Anrede die emotionale Basis stark beeinträchtigt. Sie sehen: Versteckte Fettnäpfchen gibt es reichlich. Eines davon steht trittbereit, wenn es um das Distanzbedürfnis der Menschen geht.

»Rück mir ja nicht auf die Pelle!« – Abstand, Abwehr, Aversionen

Die Kollegin, die beim Schwätzchen am Kopierer so tut, als sei sie Ihre Vertraute, und Kopf an Kopf mit Ihnen tuscheln will. Der Chef, der die Angewohnheit hat, sich wenige Zentimeter neben Ihrem Bürostuhl aufzubauen, wenn er Anweisungen gibt. Die Verkäuferin, die, während Sie einen Blazer anprobieren, plötzlich mit der Hand über Ihren Rücken streicht, als wolle sie Falten wegbügeln. Der Geschäftspartner, der meint, sein Vertrauen zu Ihnen dadurch ausdrücken zu müssen, dass er Ihnen fast Nase vor Nase die Hand schüttelt und dabei mit der linken Hand jovial Ihren Rücken klopft.

Die Distanzzonen im Überblick

Laut verhaltenswissenschaftlicher Studien haben die meisten Menschen, die innerhalb eines Kulturkreises leben, ein weitgehend übereinstimmendes Distanzempfinden. Als Distanzzone wird der räumliche Abstand zum Gegenüber bezeichnet. Für den nord-, mittel- und osteuropäischen Raum gilt die Einteilung in vier Distanzzonen:

1 Die intime Distanzzone: Sie reicht von ganz nah einschließlich Körperkontakt bis zu etwa einem halben Meter und ist unter relativ fremden Menschen ganz allgemein und besonders im Geschäftsleben die »Tabuzone«. Ausgenommen sind lediglich Berufsgruppen, die ihre Tätigkeit ohne Körperkontakt nicht ausüben können. Also alle medizinischen und kosmetischen Metiers wie Ärztin, Physiotherapeut, Friseurin, Visagist und Ähnliche. Außerdem hat der Gesellschaftstanz eine Sonderstellung, bei der sich selbst wildfremde Menschen – allerdings erst nach vorheriger Absprache! – anfassen dürfen.

2 Die persönliche Distanzzone: Sie eignet sich am besten für Gespräche – Reichweite zwischen zirka einem halben Meter bis zu ungefähr einem Meter – und ist die »Begrüßungs-Distanz« für den Handschlag (→ Seite 30 ff.).

3 Die gesellschaftliche Distanzzone: Sie schließt an die persönliche an und endet bei gut zwei Metern. Hier kann eine erste Kontaktaufnahme – etwa durch Blickkontakt – stattfinden. Durch so genannte Distanzzonenvergrößerer – im Berufsleben etwa Schreibtische – können ungünstige Signale gesendet werden (→ Seite 86).

4 Die öffentliche Distanzzone: Sie beginnt bei ungefähr zwei Metern und verläuft bis ins Unendliche. In großer Entfernung ist es am schwierigsten, persönlichen Kontakt zu Menschen herzustellen – je weiter weg, desto diffiziler. Deshalb ist es bei Reden, Meetings oder Präsentationen in großen Räumen wichtig, sich auf dieses Hemmnis einzustellen (→ Seite 88 f.).

Das Teammitglied, welches Ihnen (vielleicht als Bekräftigung seiner Argumente gemeint) die Hand auf den Arm legt. Alltagsszenen, die allesamt diese Gemeinsamkeit haben: Die »ungeschriebenen Distanzgesetze« unter relativ Fremden wurden verletzt. Und nur, wenn Sie zu den jeweiligen Personen ein vertrauensvolles oder freundschaftliches Verhältnis haben, werden Sie die geschilderten Verhaltensweisen nicht als unangenehm empfinden. In distanzierten Geschäftsbeziehungen können sie starke Aversionen und somit heftige »Kurzschlüsse« auslösen!

Diese räumlichen – meist unbewusst geforderten – »Demarkationslinien« zu respektieren ist sehr wichtig für eine angenehme Kommunikation. Zum Glück können Sie diese Erwartung recht einfach erfüllen, indem Sie das Distanzbedürfnis beachten. Weitaus schwieriger gestaltet es sich hingegen, eine der elementaren Maximen guten Umgangs in die Tat umzusetzen: die Wahrung der persönlichen Grenzen eines Menschen. Warum? Weil diese erstens nicht wie Distanzzonen in Metern angegeben oder mit anderen Hilfsmitteln gemessen werden können. Weil sie zweitens unsichtbar und drittens auch noch permanent veränderlich sind. Je nach »Seelenlage« – gute oder schlechte Laune – umschließen sie einen Menschen unterschiedlich eng.

Mit ziemlicher Sicherheit kennen Sie dies: Eine Person, die Ihnen als sehr geduldig, meist heiter und im Umgang völlig »pflegeleicht« bekannt ist, explodiert plötzlich bei einer – wie es sich Ihnen darstellt – banalen Kleinigkeit. Oder Sie ertappen sich selbst an einem der berühmt-berüchtigten »schwarzen Montage« (die es natürlich an jedem Wochentag geben kann) dabei, dass Sie die sprichwörtliche Fliege an der Wand in einen Wutanfall treibt. Häufig ist dann die Rede vom »Tropfen, der das Fass zum Überlaufen brachte«. Dieses Bild eignet sich gut, das sperrige Fachwort Frustrationstoleranzgrenze – denn die ist mit »persönlicher Grenze« eines Menschen gemeint – zu illustrieren.

Stellen Sie sich bitte vor, jeder Mensch trägt ein imaginäres, sehr flexibles aufblasbares Regenfass mit sich herum. Ist er gut gelaunt, umschließt es ihn prall aufgepumpt in seiner vollen Ausdehnung. So hat es zum einen ein großes Fassungsvermögen. Unendlich viele Tropfen passen hinein, ohne dass Überlaufgefahr besteht. Zum anderen wirkt es wie ein Puffer, der Unliebsames abfedert oder ganz fern hält. Mit zunehmend schlechter Laune entweicht mehr und mehr Luft aus der »Schutztonne«. Sie zieht sich immer enger um den Menschen zusammen, bis die Pufferzone komplett verschwindet. Dann kann ein winziger »Tropfen« wie ein faustdickes, schmerzendes Hagelkorn treffen. Solche »Einschläge« können bereits durch ein ungeschicktes Wort, einen falschen Satz oder eine fehlende Höflichkeitsgeste ausgelöst werden. Die Grenzverschiebungen sind unter Fremden kaum und in sehr vertrauten Verbindungen nur einigermaßen gut wahrnehmbar. Doch selbst dort nur dann, wenn Sie sehr aufmerksam sind.

Achten Sie daher auf Körpersprache sowie auf die Stimme oder ungewöhnliche Schweigsamkeit. Im Vergleich zu dem üblichen Verhalten können Sie daraus wichtige Schlüsse auf die jeweilige Befindlichkeit ziehen und so ungewollten Grenzübertretungen vorbeugen.

TIPP

So beugen Sie Missverständnissen vor

→ Innerhalb einer vertrauten Gemeinschaft, etwa im Team, kann es hilfreich sein, wenn Sie in Ausnahmesituationen Ihre »Seelenlage« veröffentlichen. Beispiel: »Falls ich heute etwas kurz angebunden bin, hat das nichts mit euch zu tun. Ich…« (kurze Erklärung der Lage wie »habe starke Kopfschmerzen«, »bin schrecklich nervös wegen der Präsentation«, »mache mir Sorgen um mein krankes Kind« und Ähnliches). So können Sie Missverständnissen und unnötigem Frust – »Was hat sie/er denn bloß heute gegen mich?!?« – vorbeugen.

Ob Fremde oder Vertraute: Ganz allgemein können Sie Grenzübertretungen am besten im Zusammenspiel von emotionaler Intelligenz, dem Einhalten der gängigen Umgangsformen und dem Wissen um die »ungeschriebenen Gesetze« vermeiden. Zu Letzteren zählen Erwartungen, die Menschen an das Verhalten anderer haben, ohne sich dessen bewusst zu sein. Erst wenn der unterschwellige Wunsch unerfüllt bleibt, stellt sich mit der aufkeimenden Empörung das Nachdenken über »so 'ne Frechheit!« ein. Dann hat die Grenzverletzung allerdings bereits stattgefunden. Beispielsweise auch, wenn ein territorialer Anspruch missachtet oder übergangen wird.

»Mein Schreibtisch gehört mir!« – Revierkämpfe im Beruf

»Der führt sich ja auf, als wär er hier der Platzhirsch!« Bei einem solchen »tierischen« Vergleich wissen alle, was gemeint ist. Dass die oder der so Charakterisierte sich unbeliebt gemacht hat, ist ebenso klar. Was das als Fehlverhalten empfundene »Platzhirschgehabe« mit territorialem Anspruch zu tun hat, wird erst bei genauerer Betrachtung erkennbar. Menschen möchten zusätzlich zu ihren persönlichen Grenzen nicht nur ihr räumliches Terrain respektiert wissen. Sie empfinden auch Abstraktes, etwa Kompetenzbereiche, Wissensgebiete und Gewohnheitsrechte als ihr Territorium. Ebenso gehören dazu Plätze und Dinge, die mit »mein« bezeichnet werden, obwohl sie gar kein Eigentum sind. Beispiele: Der Schreibtisch nebst Stuhl und der PC in der Firma sind auch dann »mein« Revier, wenn sie eindeutig zum Betriebsbesitz gehören (vorausgesetzt, es gibt feste Arbeitsplätze). Jedes Eindringen in das unbewusst als »mein« empfundene Gebiet wird als Grenzverletzung erlebt. Je nach Temperament kann die Reaktion auf solche Übergriffe von irritiert bis stocksauer inklusive Wutausbruch reichen oder gar zu lang anhaltenden Querelen mit »Vergeltungsmaßnahmen« führen.

Territorium achten

→ Respektieren Sie das »Hoheitsgebiet Schreibtisch«, wenn Sie mit Unterlagen in ein fremdes Büro kommen. Ein empfindlicher Mensch – wichtig bei Kundenbesuchen! – fühlt sich bereits brüskiert, wenn Sie »Ihren Krempel« ohne Erlaubnis auf seinem Schreibtisch ablegen.

Auch im Team ist es förderlich fürs gute Klima, Schreibtischreviere zu achten. Vermutlich kennen Sie diese Situation aus Ihrem Berufsalltag: Zwei Schreibtische sind mit den Längsseiten aneinander gestellt. Die beiden dort Tätigen sitzen sich gegenüber. Wenn Sie sich die beiden Arbeitsplätze mit »territorial geschulten Augen« anschauen, können Sie die abgesteckten Reviere gut erkennen. Die große Schreibunterlage in der Mitte wird umrahmt von rechts Mousepad und PC (bei Rechtshändigen), oberhalb sind mehr oder minder dekorativ neben dem Telefon Stifteschale oder -köcher, einige Figürchen, ein Foto von der Familie oder der »besseren Hälfte«, vielleicht noch eine kleine Vase mit Blumen arrangiert. Links finden sich Ablagekörbe, Aktenstapel oder Ähnliches. Käme nun eine der beiden Personen auf die Idee, Unterlagen, Ordner oder sonst was in die »andere Hälfte« zu schieben, würde der Protest seitens der oder des dort Sitzenden kaum auf sich warten lassen. Das hat mit einem weiteren »ungeschriebenen Territorialgesetz« zu tun: Wenn Plätze oder Räume geteilt werden müssen, dann wird erwartet, dass dies gerecht, halbehalbe nämlich, geschieht. Dies gilt zum Beispiel auch, wenn Sie sich beim Essen mit einer gegenübersitzenden Person arrangieren müssen, etwa in der Firmenkantine.

Welchen Einfluss das Gewohnheitsrecht haben kann, zeigen die folgenden Situationen: Auf dem betriebseigenen Parkplatz gibt es zwar keine reservierten, festen Stellflächen. Es ist aber allen bekannt, weil seit langem so gehandhabt, dass die Chefin immer auf dem Platz neben dem Eingang parkt.

Wie »begeistert« sie wäre, diesen Bereich eines Morgens durch den Wagen eines Teammitglieds besetzt zu sehen, können Sie sich sicher vorstellen. Oder wie würden Sie Folgendes finden? In Ihrem Team hat sich bei Meetings im Laufe der Zeit eine Sitzordnung ergeben, mit der alle bestens zufrieden sind und die deshalb von allen automatisch eingehalten wird. Dies wurde zwar nie festgelegt oder gar als Regel bekannt gegeben, aber »man« weiß es eben und hält sich daran. Und nun haben Sie eine neue Kollegin, die sehr bemüht, fast schon übereifrig ist und sich deshalb auch mehr als pünktlich in den Konferenzraum begeben hat. Als Sie ihn betreten, sitzt sie auf Ihrem Stammplatz! Ihr Wunsch, die Neue sofort von dort zu vertreiben, wird mit ziemlicher Sicherheit groß sein.

Einige weitere Beispiele für Territorialverletzungen sind:

- Es wird über den Kopf eines Menschen hinweg eine Entscheidung gefällt, die in seinen Kompetenzbereich gehörte.
- Jemand geht an fremde Schubladen oder Schränke, um dort etwas zu suchen.
- Es wird ein Privileg entzogen. (Das kann auch eine sehr kleine Vorrangstellung sein.) Gleitende Arbeitszeit wird in feste Zeiten geändert. Ein Einzelbüro wird aufgelöst und die oder der dort Tätige muss sich in Zukunft einen Raum mit mehreren teilen.
- Jemand nimmt ohne zu fragen etwas von einem Schreibtisch fort oder legt in Abwesenheit des »Schreibtisch-Besitzers« etwas darauf.
- Ohne vorherige Einwilligung wird am PC eines Teammitglieds gearbeitet, obwohl eine gemeinsame Nutzung nicht abgesprochen ist.
- Während der zum Beispiel urlaubs- oder krankheitsbedingten Abwesenheit wird »das Büro umgezogen«, somit sind auch persönliche Dinge ohne Erlaubnis ein- und wieder ausgepackt worden.
- Persönliche Gegenstände wie ein Handy oder ein Timeplaner werden ohne ausdrückliche Erlaubnis in die Hand genommen, angeschaut oder gar benutzt.

Von oben herab – nicht nur eine Frage der Hierarchie

1

Wenn im Beruf Sätze wie »Die da oben haben mal wieder ...« oder »Denen da oben sollte man mal ...« fallen, sind mit »oben« in der Regel die Menschen in der Führungsetage gemeint. Und diese sind sehr oft nicht nur im hierarchischen Sinn »über« den anderen, sondern auch rein räumlich. In großen Firmen befinden sich Chefbüros meist in einem der oberen Stockwerke. Dies zeigt sehr anschaulich die Doppelbedeutung von »oben«. Wird über jemanden gesagt, dass er »von oben herab« mit anderen spricht, bedeutet das: Er wirkt hochmütig oder herablassend. Die negativen Auswirkungen auf die Kommunikation sind hinlänglich bekannt. Weniger geläufig ist diese Erkenntnis: In einem Gespräch können auch die rein räumlichen Positionen »oben« und »unten« ungünstige Folgen haben. Wenn eine Person steht und die andere sitzt, kann sich die »untere« schnell unwohl fühlen – »klein«, »untergebuttert«, »gedeckelt« oder gar »von oben herab behandelt«. Führen Sie deshalb Gespräche möglichst auf einer Kommunikationsebene – alle stehen oder sitzen.

Die überlieferte Umgangsformen-Regel: »Eine Dame bleibt zur Begrüßung eines Herrn immer sitzen« gehört zu den alten Hüten, die aus einer anderen Zeit stammen. Sie stehen nur noch älteren Damen im privaten Bereich gut.

Im Beruf ist heutzutage klar: Ob Mann (wie es ihm sowieso seit eh und je empfohlen wurde) oder Frau –

TIPP

Gleiche Ebene

→ Beachten Sie die Gleichheit der Ebenen bitte auch bei einer Begrüßung. Für Kommende aufzustehen ist sowohl ein nonverbales Zeichen von Wertschätzung als auch die einzige Möglichkeit, dass Sie sofort die Übereinstimmung der Kommunikationsebene herstellen können.

ein höflicher Mensch steht dort zur Begrüßung anderer immer auf. Es sei denn, körperliche Beeinträchtigungen ließen dies nicht zu.

Zwischen Nadelstreifen und Blaumann – der erste Eindruck

Wie schon erwähnt, kann neben den bislang geschilderten Kurzschluss-Auslösern im »emotionalen Kabel« auch der erste Eindruck die Chemie nachhaltig stören. Denn er findet nicht im Kopf statt, sondern »im Bauch« – wie landläufig das Unbewusste gern bezeichnet wird. Von dort bekommen Sie in wenigen Sekunden die Signale, welche Sie zur impulsiven Einteilung fremder Personen in das erste grobe Raster gelangen lassen: unsympathisch oder sympathisch. Dieser spontan gebildeten Meinung messen viele Menschen so große Bedeutung bei, dass sie nicht oder nur sehr eingeschränkt bereit sind, sie im Laufe des besseren Kennenlernens zu korrigieren. Das ist sowohl unfair – der »einsortierten« Person gegenüber – als auch unklug – sich selbst gegenüber. Warum? Weil der erste Eindruck sehr stark von Ihrer »inneren Lebenslandkarte« geprägt ist. Auf ihr ist alles verzeichnet, was Sie in Ihrem Leben erfahren und erlebt haben: Gutes wie Böses, Angenehmes wie Unangenehmes. Auch Ihre Wertmaßstäbe, Moralvorstellungen, ethischen Ansprüche, Erwartungen und Hoffnungen sind auf dieser »Karte« unauslöschlich eingeprägt. Im Verbund mit Vorurteilen und Stereotypen sowie realen Beobachtungen (wie Körperbau, Gang, Haltung, Mimik, Stimme, Kleidung, Duft und mehr) ist sie ausschlaggebend dafür, wie Sie Ihr fremdes Gegenüber bewerten. Dass eine von solchen Komponenten geprägte Beurteilung in höchstem Maße subjektiv sein muss, ist klar.

Dazu kommt: Findet Ihr Unbewusstes im Abgleich der fremden Person mit der »Lebenslandkarte« ein auch nur noch so winziges Detail, das mit einer schlechten Erfahrung oder Erinnerung verknüpft ist, schrillt die Alarmglocke. Vorsicht: unangenehm! Schon hat der Mensch den Stempel »unsympathisch« weg. Umgekehrt funktioniert es genauso. Ergibt der Abgleich etwas Erfreuliches, kommt das Signal »sympathisch«. Verhindern können Sie solche Informationen »aus dem Bauch« nicht.

Es gibt keinen »Aus-Schalter« wie bei einem elektrischen Gerät, mit dem sich ein erster Eindruck abstellen lässt. Was Sie aber tun können, um Fehl- und Vorurteile zu verringern, ist dies: Holen Sie sich die unbewusst laufenden Phänomene »in den Kopf«. Bedenken Sie, dass die fremde Person höchstwahrscheinlich mit dem Menschen, mit dem Ihre »innere Landkarte« sie abgleicht, absolut nichts Gemeinsames hat. Seien Sie deshalb bereit, den ersten Eindruck bei näherer Bekanntschaft auf seine Richtigkeit zu prüfen. Und kalkulieren Sie bitte ein: Sie werden von Ihrem Gegenüber mit dessen »Lebenslandkarte« genauso subjektiv verglichen. Was darauf alles gespeichert wurde, können Sie jedoch nie erahnen. Deshalb ist es sehr wichtig, den real zu beobachtenden Anteilen des ersten Eindrucks große Aufmerksamkeit zu schenken.

TIPP

Was zählt beim ersten Eindruck?

→ Bei den realen Wahrnehmungen während des ersten Eindrucks spielt der Inhalt des Gesprochenen mit nur etwa sieben Prozent die geringste Rolle. Sie können sich Ihre klügsten Sätze also getrost für etwas später aufsparen. Mehr Aufmerksamkeit bekommt die Stimme und alles, was mit ihr zusammenhängt, wie mundartliche Färbungen, mit zirka 38 Prozent. Die Körpersprache (→ Seite 85 ff.) und die Kleidung schlagen mit zirka 55 Prozent zu Buche. Deshalb lohnt es sich, die Berufskleidung mit besonderer Sorgfalt auszuwählen.

Kleidung und Image – wie unzertrennliche Zwillinge

Kleidung hat immer eine starke Signalwirkung. Im Beruf kommt dies dazu: Es bestehen tief verankerte Imagebilder, die das Outfit intuitiv mit fachlichen Qualifikationen und sogar menschlichen Qualitäten verbinden. So wird zum Beispiel klassische Garderobe – Anzug, Hemd, Krawatte für den Mann; Kostüm oder entsprechender nicht zu sportlicher Hosenanzug für die Frau – mit »kompetent, vertrauenswürdig, seriös« gleichgesetzt. Alle, die in Berufen tätig sind, in denen dieser »emotionale Vorschuss« von zentraler Bedeutung ist, sind also gut beraten, wenn sie sich so kleiden. Das ist zum Beispiel in Branchen wie dem Bankwesen, bei beratenden Berufen wie Steuer- und Versicherungsfachleuten und in Anwaltskanzleien der Fall. Würde dort jemand in »flippiger« Kleidung der Kundschaft oder Mandantschaft gegenübertreten, bekäme er sofort den Stempel »unprofessionell«, »unseriös« oder gar »inkompetent« aufgedrückt. Ein umgekehrtes Beispiel: Übte eine Verkäuferin in einer Jugend-Szeneboutique ihren Job im biederen Kostüm aus, spräche ihr die junge Kundschaft die Kompetenz als Beraterin sicher ab. Und wenn Sie einen Heizungsmonteur bestellt haben, der einen Defekt beheben soll, verbinden Sie dessen fachliche Fähigkeiten eher mit einem Blaumann als mit der »Manager-Nadelstreifen-Uniform«. Fazit: Kleidungs-Image wirkt in alle Richtungen und die eine, immer richtige Berufskleidung gibt es nicht.

TIPP

Richtig angezogen

→ Orientieren Sie sich bei der Auswahl Ihres Business-Outfits bitte als Erstes an der Erwartung Ihrer Kundschaft sowie an den Gepflogenheiten Ihrer Branche. Und: Gibt es in Ihrem Unternehmen »Kleidungsempfehlungen« oder freundlich ausgedrückte Wünsche, sind das genau genommen »Anweisungen«. Auch, wenn die sich hinter »samtweichen« Formulierungen verstecken.

Karrierekiller bei der Körperpflege und der Kleidung

Selbst ein vom Stil her perfekt zum Berufs-Image gewähltes Outfit verliert seine positive Wirkung, wenn das Drumherum nicht stimmt. Mangelnde Körperpflege nimmt dabei Platz eins der »Karrierekiller-Hitliste« ein. Dabei geht es nicht nur um das, was Ihnen sicher wie den meisten Menschen als Erstes dazu einfällt: Mund- oder Körpergeruch (der natürlich unbedingt vermieden werden muss). Auch eine ungepflegte Frisur – fettige Strähnen, sichtbare Ansätze bei gefärbtem Haar – und vernachlässigte Hände – Trauerränder unter den Fingernägeln, absplitternder Lack – zählen zu den Tabus. Frauen, die unter Make-up »Clowns-Kriegsbemalung« verstehen, schaden damit meist ihrem Image mehr, als sie ahnen. Und Männern sollte bewusst sein: Bärte sind in vielen konservativen Berufen ungern gesehen, zum Beispiel in den Top-Management-Etagen. Absolut verpönt ist dort der »Dreitagebart«, der etwa in Künstlerszenen als chic gelten kann. Weitere Karrierekiller sind:

- zu viel Duftwasser (Auch wenn Parfüm und Eau de Toilette genau genommen zu den positiven Düften zählen, stören sie – im Übermaß genommen – die Mitmenschen.);
- schiefgetretene Absätze, ausgefranste Schnürsenkel oder schlecht beziehungsweise ungeputzte Schuhe;
- lose Säume, offene Nähte, sichtbares Futter an einem Kleidungsstück, hervorblitzende Unterwäsche, fehlende Knöpfe.

Bei konservativer Business-Kleidung schadet dem Image außerdem:

zu viel Schmuck, billige Plastik-Accessoires, sichtbare Piercings und Tätowierungen, alles, was zur Freizeitkleidung gehört wie Jeans, T-Shirts, Radlerhosen, Leggins, Shorts, Sweatshirts, Jogginganzug, Turnschuhe, Flip-Flops und weitere Freizeitschuhe sowie für Frauen durchsichtige und bauchfreie Outfits.

Der auffälligste neue Hut – zwei Spielfelder

Das Mini-Quiz für Ihren persönlichen Schnell-Check zu den Themen Spielregeln, Spielfelder, Rolle und Sonder-Höflichkeitsrechte:

1. Umgangsformen-Regeln sind festgelegte Normen, die in jeder Situation immer nach dem gleichen Schema angewendet werden. ❏ richtig ❏ falsch
2. Einen Unterschied zwischen Spielregeln im Beruf und denen im gesellschaftlichen, privaten Bereich gibt es nicht. ❏ richtig ❏ falsch
3. Eines der wichtigsten sozialen Bedürfnisse des Menschen ist, von anderen Wertschätzung zu erfahren. ❏ richtig ❏ falsch
4. Die Erwartungen der Mitmenschen, die an das Verhalten einer Person gestellt werden, hängen unter anderem davon ab, welche Rolle sie gerade spielt. ❏ richtig ❏ falsch
5. Über das allen Menschen entgegengebrachte Maß an Wertschätzung hinaus werden bestimmten Personen Sonder-Höflichkeitsrechte eingeräumt. ❏ richtig ❏ falsch
6. Dabei gibt es keinen Unterschied zwischen dem privaten und beruflichen Spielfeld. ❏ richtig ❏ falsch

Haben Sie etwas Zeit, die Antworten herauszufinden? Dann lesen Sie bitte das folgende Kapitel. Möchten Sie das Ergebnis lieber auf einen Blick? Dann schauen Sie einfach auf Seite 125 nach.

Spielregeln im Beruf – ein Kinderspiel?

1

Ja – allerdings nur unter diesen Bedingungen: Der Begriff Regel wird richtig definiert. Die Grundeinstellung zu den Mitmenschen wird höher eingestuft als das Regelwerk. Die verschiedenen Spielregeln (→ Seite 24 f.) werden richtig erkannt. Viele Menschen stellen sich unter Umgangsformen-Regeln einen festgeschriebenen Katalog vor. Möglichst kurz natürlich und am besten zum Auswendiglernen! Doch eine solche Einstellung ist kontraproduktiv. Das hat mehrere Gründe. Erstens kann »Regel« im Zusammenhang mit Umgangsformen nicht als starre Norm verstanden werden. Uneingeschränkte Gültigkeit haben nur die Grund-Maximen wie immer an Grenzwahrung zu denken, rücksichtsvoll und hilfsbereit zu sein und Ähnliches. Für die Details lässt sich »übliche Umgangsformen-Regel« am besten so definieren: Sie ist die Form, die sich unter Menschen eines Kulturkreises als die beliebteste herausgestellt hat oder die innerhalb einer Gruppe abgesprochen wurde. Zweitens: Ein auswendig gelernter, ohne Herz und Verstand angewendeter Normen-Katalog würde die Kommunikation mehr stören als fördern. Jegliche Menschlichkeit und spontane Herzlichkeit wären damit ausgeschlossen. Drittens: Würde ein Regelwerk ohne eine positive innere Grundeinstellung zu anderen praktiziert, fehlte die essenzielle Basis für den angenehmen Umgang miteinander.

» Ein jeder Mensch hat rechtmäßigen Anspruch auf Achtung von seinen Mitmenschen, und wechselseitig ist er dazu auch gegen jeden anderen verbunden. «

[Immanuel Kant | *deutscher Philosoph*]

Das Anwenden der kleinen Detail-Leitlinien kann erst dann seine positive Wirkung voll entfalten, wenn es auf dieser passenden inneren Haltung basiert.

Oft wird der Begriff Achtung mit Respekt gleichgesetzt – ein durchaus »respektables« Synonymwort. Es hat nur einen Haken: Häufig taucht es im Zusammenhang mit Status oder Rang auf – etwa in Verbindung mit »Respektsperson = Obrigkeit«. Und genau das würde der Grundidee guter Umgangsformen mehr schaden als nutzen. Deshalb ist es besser, von dem »Anspruch auf Wertschätzung« zu reden, den jeder Mensch hat, zumal es von der Verhaltenswissenschaft belegt werden kann: Eines der wichtigsten sozialen Bedürfnisse des Menschen ist, von anderen Wertschätzung zu erfahren. Diesen Wunsch können Sie Ihren Mitmenschen mit kleinen Höflichkeitsbeweisen sehr einfach und – was das Schönste ist – völlig kostenlos (!) täglich zig Mal erfüllen. Viertens ist es ein Hauptkriterium moderner Umgangsformen, dass sie variabel gehandhabt werden. Die jeweils angebrachte Spielregel lässt sich am besten nach dem folgenden Modell finden.

Das Vier-Säulen-Modell moderner Spielregeln

So finden Sie die jeweils angebrachte Form:

1. **DIE SITUATIONS-SÄULE:** Auf welchem Spielfeld stehe ich?
   - berufliches Umfeld, Arbeitsplatz (vorrangiges Kriterium: Hierarchie)
   - privater Bereich (vorrangige Kriterien: Geschlecht und Alter)
2. **DIE EREIGNIS-SÄULE:** In welchem Spiel bin ich?
   - offizielle Veranstaltung (Firmenjubiläum, Geschäftseröffnung, Geschäftsessen, Empfang, Ball, Familienfeste und Ähnliches)
   - inoffizielles Geschehen (Feierabend-Umtrunk im Kollegenkreis, Freizeitveranstaltungen, Volksfest, Biergarten und Ähnliches)

3 **DIE PERSONEN-SÄULE:** Mit wem spiele ich?

- beruflich Gleichgestellte, Vorgesetzte, Mitarbeitende
- Kundinnen und Kunden
- wesentlich jüngere, ältere oder etwa gleichaltrige Personen
- Fremde, Bekannte, Freundes- oder Familienkreis

4 **DIE UMFELD-SÄULE:** Welche Rolle spiele ich gerade?

- als Frau (Chefin, Kollegin, Gastgeberin, Gast, Ehefrau, Mutter, Tochter, Schwester, Freundin und mehr)
- als Mann (Chef, Kollege, Gastgeber, Gast, Ehemann, Vater, Sohn, Bruder, Freund und mehr)
- als Mitglied einer Gemeinschaft (Team, Belegschaft, Betriebsrat, Verein, Ausschuss, Religionsgemeinschaft und mehr).

Der Vorteil des Vier-Säulen-Modells

Unterschiede bei den Spielregeln werden von den meisten Menschen – je nach Situation – ganz intuitiv praktiziert. So ist klar, dass Sie sich beispielsweise im Umgang mit Fremden oder der Kundschaft anders verhalten, als wenn Sie mit Ihrer besten Freundin zusammen sind. Es ist trotzdem hilfreich, sich die Abweichungen bewusst zu machen, statt sich ausschließlich »aus dem Bauch heraus« für eine Form zu entscheiden. Zum Beispiel mit Blick auf das Alter und offizielle oder informelle Veranstaltungen. Besonders die Frage nach der sozialen Rolle, die jeder Mensch – meist täglich mehrmals wechselnd – spielt, wird häufig gar nicht gestellt. Sie umfasst die Summe aller Verhaltensweisen, die andere Menschen von Ihnen in einer bestimmten Position erwarten. Dieser – größtenteils unbewusste – Anspruch bezieht sich auf das, was ein Individuum zu tun hat (Aufgaben und Pflichten), was es nicht tun darf (Verbote und Tabus) sowie was es tun kann (Rechte und Privilegien) – alles vorrangig aus der Sicht des Umfelds. Die Anforderungen an ein bestimmtes Rollenverhalten können je nach Lebensbereich sehr unterschiedlich sein, teils sogar gegenläufig.

Warum es heutzutage zwei Spielfelder gibt

Und nun zur neuesten Säule dieses Modells: den zwei Spielfeldern. Sie sind entstanden, weil die überlieferten Formen aus einer Zeit stammten, in der Frauen nicht berufstätig waren. Ja, sie hatten nicht einmal einen eigenen Status, sondern bekamen ihn durch Heirat – und zwar den des Mannes. Beispiel: Hatte er promoviert, wurde sie – etwa beim Bäcker – mit »Frau Doktor« angesprochen (inzwischen natürlich ein alter Hut!). Durch die veränderte Stellung der Frau in der Gesellschaft, besonders durch die wachsende Präsenz im Berufsleben, mehrten sich Situationen, in denen alte Regeln unzweckmäßig wurden. Ein Exempel hierzu ist die alte Kavaliersdevise: Betritt eine Dame den Raum, erheben sich alle Herren. Hätte diese Konvention noch unbesehen Bestand, müsste beispielsweise ein Chef jedes Mal aufstehen, wenn seine Assistentin in sein Büro kommt. Diese und ähnliche gesellschaftlichen Übereinkünfte würden das Arbeitsleben eher verkomplizieren, statt nützlich zu sein. Deshalb haben sich neue »Berufs-Spielregeln« für das gleichberechtigte Miteinanderarbeiten von Frauen und Männern herausgebildet.

Dabei entscheiden nicht mehr vorrangig die Kriterien Geschlecht und Alter (→ Seite 24 f.) über bestimmte Höflichkeits-Privilegien. Diese werden innerbetrieblich mit Blick auf die Hierarchie zuerkannt. Nur bei beruflicher Ranggleichheit werden die privaten Spielregeln angewendet.

Häufig finden sich noch die Ausdrücke »Höhergestellte« und »Niedrigergestellte«. Sicher: Ganz ohne Rangordnung geht es im Beruf nicht – Bestrebungen zu »flachen Hierarchien« hin oder her. Dennoch sind diese Begriffe wenig förderlich für partnerschaftliches Arbeiten im Team. Deshalb werden im folgenden Text die »Höhergestellten« als diejenigen bezeichnet, die eine »Trumpfkarte« im »Umgangsspiel des Berufslebens« haben (→ Seite 27).

Trumpfkarten-Personen und einige ihrer Sonder-Höflichkeitsrechte

BEIM GRUSS: Trumpfkarten-Personen werden zuerst gegrüßt.

Auf dem beruflichen Spielfeld haben die Gruß-Trumpfkarten:

- → Kundinnen und Kunden
- → Vorgesetzte (nur bei hierarchischer Gleichstellung wird die private Trumpfkarten-Verteilung auf das berufliche Spielfeld übertragen)

Auf beiden Spielfeldern haben die Gruß-Trumpfkarten:

- → eine Gruppe, wenn jemand hinzukommt
- → Anwesende in einem Raum, wenn jemand eintritt

Auf dem privaten Spielfeld haben die Gruß-Trumpfkarten:

- → deutlich ältere Menschen (Generationsunterschiede)
- → Frauen (sie können darauf verzichten und zum Beispiel einen Bekannten als Erste grüßen)

BEIM BEGRÜSSEN: Trumpfkarten-Personen entscheiden, ob sie eine Begrüßung wünschen, und signalisieren das beispielsweise durch das Reichen der Hand.

Auf dem beruflichen Spielfeld haben die Begrüßungs-Trumpfkarte:

- → Vorgesetzte (bei hierarchischer Gleichstellung → Gruß)
- → Kundinnen und Kunden, sofern eine Gastgeberrolle (→ beide Spielfelder) dies nicht aufhebt

Auf beiden Spielfeldern haben die Begrüßungs-Trumpfkarte:

- → Gastgeberinnen und Gastgeber

Auf dem privaten Spielfeld → Gruß

BEIM BEKANNTMACHEN DURCH DRITTE: Trumpfkarten-Personen bekommen zuerst gesagt, wer die oder der Fremde ist. Trumpfkarten-Verteilung → Gruß, ausgenommen der Punkt »Anwesende im Raum«, weil dieser nur beim Gruß relevant ist.

Die ersten Schritte – Bühne frei für neue Geschäftskontakte

→ Einen gelungenen ersten Eindruck können Sie vertiefen, wenn Sie bei der Begrüßung, Vorstellung und Anrede sattelfest sind. Zusätzliche Pluspunkte sammeln Sie mit kleinen Details, wie dem formvollendeten Austausch von Visitenkarten. Wie Sie anderen Menschen Ihre Wertschätzung zeigen und so den Umgang miteinander angenehm gestalten können, lesen Sie in diesem Kapitel.

Gekonnt in Szene gesetzt – das Kennenlernen

2

Das Mini-Quiz für Ihren Schnell-Check zu den Themen Grüßen, Begrüßen, Vorstellen, Bekanntmachen, Visitenkarten und Anreden:

1 Wenn Vorgesetzte in einen Raum kommen, in dem schon Mitarbeitende sind, gilt die Höflichkeitsregel: Die bereits Anwesenden grüßen natürlich die Eintretenden, weil es sich um Vorgesetzte handelt. ❑ richtig ❑ falsch

2 Frauen werden nach alter Tradition und Sitte grundsätzlich als Erste begrüßt. ❑ richtig ❑ falsch

3 »Ich heiße Herr Holzkamp« ist eine moderne und empfehlenswerte Form der Selbstvorstellung. ❑ richtig ❑ falsch

4 Akademische Grade, Adelsprädikate und andere Titel werden beim Bekanntmachen durch Dritte mitgenannt, nicht jedoch bei einer Selbstvorstellung. ❑ richtig ❑ falsch

5 Es hinterlässt einen unprofessionellen Eindruck, wenn berufliche Visitenkarten handschriftlich verbessert überreicht werden. ❑ richtig ❑ falsch

Haben Sie etwas Zeit, die Antworten herauszufinden? Dann lesen Sie bitte das folgende Kapitel. Möchten Sie das Ergebnis lieber auf einen Blick? Dann schauen Sie einfach auf Seite 125 nach.

Aus dem Handgelenk geschüttelt – Begrüßung und Gruß

Damit das »Trumpfkarten-System« (→ Seite 27) verständlich wird, ist diese Erkenntnis notwendig: Grüßen und Begrüßen ist zweierlei! Unter »grüßen« fallen alle berührungslosen Kontaktaufnahmen wie ein Kopfnicken, ein »Hallo« oder »Guten Tag« im Vorbeigehen, Blickkontakt oder Winken. Die Begrüßung ist immer mit einem Anfassen verbunden, wie beim Handschlag, bei Umarmungen oder beim Handkuss. Die Privilegien, die »Trumpfkarten-Personen« dabei zugestanden werden, unterscheiden sich so: Sie haben das Recht, als Erste gegrüßt zu werden, und die Entscheidungsfreiheit, ob sie eine Berührung wünschen. Ein konkretes Beispiel: Ein Mitarbeiter verhält sich seiner Chefin gegenüber perfekt, wenn er sie – etwa bei einer Begegnung auf dem Flur – als Erster grüßt, es sich jedoch verkneift, mit ausgestreckter

TIPP

Flexibilität ist Trumpf!

→ Sehr förderlich für ein angenehmes Betriebsklima ist es, bei den Grußregeln nicht stur auf der »Trumpfkarten-Position« zu bestehen – Höflichkeitsrecht hin oder her. Es fällt Vorgesetzten kein Zacken aus der Krone – eher bekommen sie von Mitarbeitenden einen dazu! –, wenn sie nach dem Motto verfahren: Wer eine andere Person als Erste(r) sieht, grüßt einfach auch zuerst. Und da Anwesende in einem Raum auf jedem Spielfeld, somit auch im beruflichen Bereich, das Recht auf den Gruß der oder des Eintretenden haben, bedeutet das im Klartext: Höfliche Vorgesetzte grüßen auch »Untergebene«, wenn diese sich in einem Zimmer befinden, in das sie hineingehen.

Hand auf sie loszustürmen. Wenn sie einen »Griff« überhaupt möchte, ist es an ihr, dies durch das Reichen der Hand zu signalisieren.

Die Begrüßungsreihenfolge richtet sich ebenfalls nach dem Trumpfkarten-System, solange es sich dabei um wenige Personen handelt.

Ein Beispiel: Sie empfangen in Ihrem Büro einen Geschäftspartner und seine Mitarbeiterin. Da Sie in dieser Situation in der Gastgeberrolle sind, reichen Sie die Hand. Das ist wie ein Signal, mit dem Sie dem Kommenden gegenüber ausdrücken: Ich »ziehe« Sie mit diesem Handschlag auf mein Terrain, heiße Sie in meinem Raum willkommen. Da der »Boss« eindeutig die Trumpfkarte hat, ist es nach modernen Regeln richtig, wenn Sie zuerst ihn und dann seine Mitarbeiterin begrüßen. Sollten Sie die beiden hingegen beispielsweise bei der Geburtstagsfeier Ihrer Freundin treffen, hat die Frau eindeutig die Trumpfkarte, da es sich dann um ein privates Spielfeld handelt.

Bei großen Gruppen, etwa ab sieben Personen, ist ein »Sortieren« der Begrüßungsreihenfolge heutzutage nur noch eingeschränkt nötig. Empfangen Sie etwa eine größere berufliche Delegation, gebührt der höchstrangigen Person wie eh und je der Vorrang (vorausgesetzt, Sie kennen die hierarchischen Details). Und sicher ist es auch klug, wenn Sie die Chefin oder den Chef in einer Runde von Mitarbeitenden bevorzugen. Danach wird dann einfach der Reihe nach begrüßt.

Oft stellt sich die Frage: »Muss denn überhaupt bei einer großen Runde diese Händeschüttelei sein?« Nein, von müssen kann keineswegs die Rede sein. Oft ist ein Gruß, der an alle gerichtet wird, praktischer sowie zeitsparender – und unter modernen Gesichtspunkten allemal liebenswürdig genug. Besonders innerhalb einer Arbeitsgruppe gilt ein freundlicher Gruß als tägliches Ritual inzwischen als ebenso höflich wie ein Händedruck. Nur: Es empfiehlt sich, dieses Thema anzusprechen, damit es nicht zu Missverständnissen kommt. Der Grund: Die Empfindungen zur Wichtigkeit des Handschlags sind sowohl regional als auch altersbedingt recht unterschiedlich.

So können einige es als »nervig« empfinden, wenn die Chefin jeden Morgen alle Teammitglieder per Handschlag begrüßt. Andere fühlen sich brüskiert, wenn diese Geste ausbleibt. Ähnliches gilt für Konferenzen und Meetings. Für das tägliche Miteinander ist es das Beste, Sie thematisieren Grußrituale innerhalb einer Arbeitsgruppe und sprechen Spielregeln gemeinsam ab.

Für externe Gäste gilt: Bei sporadischen Begegnungen sowie bei Erstkontakten ist die Begrüßung mit »shake-hands« in Deutschland Usus – wobei das oft gebrauchte Wort »Schütteln« völlig irreführend ist. Der »Dauerschüttler« ist ebenso unbeliebt wie der »Knochenbrecher« und der »Schlaffhand-Schlappi«. Achten Sie deshalb beim Handschlag auf den angemessenen Druck und eine nicht zu lange Dauer. Alle weiteren Begrüßungsformen – Umarmungen, Bussi-Bussi-Manier, Handkuss – sind im Berufsleben fast durchgängig unpassend. Vor den Augen anderer sind freundschaftliche »Begrüßungs-Knuddeleien« selbst dann tabu, wenn die Beziehung zweier Teammitglieder sie gestattet, ohne die »ungeschriebenen Distanzgesetze« (→ Seite 12 ff.) zu verletzen. In Deutschland – anders zum Beispiel in Österreich und Ungarn – ist ein Handkuss im Geschäftsleben deplatziert. Die Kavaliere, die diesen »ungeküssten Kuss« beherrschen, sparen sich ihn besser für gesellschaftliche Anlässe auf.

»Veredeln« können Sie eine Begrüßung per Handschlag mit diesen Details: Stehen Sie bitte für Kommende auf (→ Seite 17 f.), beachten Sie die angemessene Distanz

TIPP

Feuchte Hände

→ Ebenfalls äußerst unangenehm: Handschlag mit »Schwitzehändchen«. Wer dieses Problem hat, kann langfristig Hilfe in der Apotheke finden. Kurzfristig retten Händewaschen sehr zeitnah vor der Begegnung oder ein (Papier-)Taschentuch außer Sichtweite die Situation. Tipp für den absoluten Notfall: Die rechte Handinnenfläche vor dem Handschlag unauffällig über die eigene Kleidung streifen lassen, etwa beim Hochziehen des Armes entlang der äußeren Hosen- oder Rocknaht.

(→ Seite 11) und begleiten Sie den Händedruck mit Blickkontakt sowie einem Lächeln. Schließen Sie beim Aufstehen am besten Ihr Jackett beziehungsweise Ihre (Kostüm-/Hosenanzug-)Jacke. Dies ist ein weiteres nonverbales Signal der Wertschätzung, mit dem Sie Kommenden gegenüber ausdrücken: Sie sind es mir auch wert, dass ich für Sie auf korrekte Kleidung achte. Und: Bei einer Begrüßung sollte bitte die linke Hand nicht in irgendeiner Tasche (Jacke, Hose) versenkt bleiben. Das gilt für Frauen wie für Männer und auch beim Grüßen, Bekanntmachen und Vorstellen.

»Ich bin die Moni und arbeite hier« – eine vorstellbare Vorstellung?

Nun, denkbar ist sie schon – doch aus zwei Gründen nur eingeschränkt empfehlenswert. Erstens sollte Moni sich hierüber klar sein: Wenn sie sich nur mit dem Vornamen vorstellt, hat sie ihrem Gegenüber automatisch die Duz-Erlaubnis erteilt. Also fällt diese Formulierung im Berufsleben schon weitgehend aus. Und selbst dort, wo sie auf Grund von Anrede-Gepflogenheiten – etwa bei einer von der Firmenleitung angeordneten, allgemeinen Duzerei oder zwischen Azubis – tragbar ist, bleibt zweitens das »die« als wenig elegantes Deutsch angreifbar. Will Moni also jemandem mit ihrer Selbstvorstellung das Du anbieten, sollte sie die Formulierung »Ich bin Moni« bevorzugen. Denn der Anfang »Ich bin …« ist die zurzeit aus psychologischer Sicht beste Form der Selbstvorstellung. Er wird unter Erwachsenen und besonders im Berufsleben allerdings mit Vor- und Zunamen ergänzt.

Die folgende Formulierungs-Auswahl hilft Ihnen, die für Sie optimale Form der Selbstvorstellung zu finden.

→ BESONDERS EMPFEHLENSWERT, WEIL DIE SELBSTBEWUSSTESTE FORM:

»Ich bin Gisela Schmidt.«; »Ich bin Thomas Fehr.«

- **EBENFALLS HÖFLICH, JEDOCH GERINGERE PRÄSENZ:**
  »Ich heiße Christiane Granzow.«; »Mein Name ist Peter Rolf.«
- **NICHT UNHÖFLICH, JEDOCH ALTMODISCH WEGEN DES FEHLENDEN VORNAMENS:**
  »Mein Name ist Landmann.«; »Ich heiße Schäfer.«
- **SEHR KNAPP, ÄUSSERST EINGESCHRÄNKT EMPFEHLUNGSWÜRDIG:**
  »Muster.« Diese Form, lediglich den Nachnamen zu nennen, kann als brüskierend empfunden werden und ist außerdem wegen rein praktischer Verständnisprobleme (→ »Telefon«, Seite 91) nicht ratsam. Sie sollte deshalb nur in Ausnahmefällen gewählt werden. Etwa dann, wenn jemand sehr schnell hintereinander mehrmals seinen Namen bekannt geben muss. Ebenfalls nur eingeschränkt geeignet ist die Nennung von Vor- und Zunamen ohne Einleitung.

Wenn Sie nicht in ein Fettnäpfchen treten wollen, sollten Sie die folgenden Formulierungen bei der Selbstvorstellung lieber vermeiden:

- »Ich bin Frau Professorin Dr. Unclever.«
- »Mein Name ist Gräfin Oben von Untenhausen.«
- »Ich heiße Herr Holzklotz.«
- »Bond, James Bond.«
  Die »007-Markenzeichen-Manier« weckt nicht nur bei Filmfans Assoziationen, die sich nachteilig auf ein Berufs-Image auswirken können. Deshalb ist es gut, auf sie zu verzichten. Im Gegensatz zum Bekanntmachen durch Dritte (→ Seite 35 ff.) werden Titel wie akademische Grade und Adelsprädikate aus »Bescheidenheits-Gründen« bei der Selbstvorstellung verschwiegen. Der Zusatz »Herr« galt schon immer als stillos. Daran hat sich bis heute nichts geändert. Frauen wurde hingegen früher zugestanden, ihren »gehobenen Status« – Verheiratete waren höher gestellt als ledige »Fräuleins«! – durch den Zusatz »Frau« zu verdeutlichen. Heute gilt er als völlig verstaubt. Wenn Sie als Frau also ein modernes Persönlichkeitsbild wünschen – was gerade im Be-

rufsleben wichtig ist –, lassen Sie diese Beigabe zum Namen bitte weg. Andere Zusätze sind im Job empfehlenswert, oft sogar unerlässlich: berufliche Positionen oder Beschreibungen des Aufgabengebiets. Beispiele: »Ich bin Katrin Hansen, die Assistentin von Frau Dr. Willius.«; »Ich bin Klaus Kunz und vertrete heute meinen Kollegen Christian Schneider, mit dem Sie eigentlich den Termin vereinbart hatten. Er ist jedoch leider krank. Deshalb werde ich Ihnen gern das Projekt erläutern.«

»Und das ist unsere Chefin!« – wenn Dritte im Bunde sind

Die Frage »Wer wird wem vorgestellt?« taucht häufig auf. Bei der Entscheidung zur richtigen Reihenfolge hilft das »Trumpfkarten-System« (→ Seite 27). Der Sonderbonus, den »Trumpfkarten-Personen« zugestanden bekommen, besteht hierin: Sie erhalten nach dem Motto »Wissen ist Macht« einen Informationsvorsprung, indem ihnen zuerst der Name des Gegenübers mitgeteilt wird. Dazu ist Folgendes wichtig:

TIPP

Neutrale Lösung – oft am besten

→ Der Begriff »vorstellen« impliziert einen hierarchischen Unterschied. Er ist somit im Berufsleben in bestimmten Konstellationen nicht falsch. Etwa, wenn ein neues Teammitglied einer Chefin »vorgestellt« wird. Trotzdem fahren Sie häufig besser damit, den modernen Ausdruck »bekannt machen« zu wählen. Dadurch wird ein »Ranking« gemindert, etwa zwischen Geschäftspartnerinnen. Oft die beste Lösung: völlig neutrale Formulierungen. Beispiel: »Ich freue mich, dass Sie sich heute bei dieser Veranstaltung (diesem Meeting) kennen lernen.«

Die Trumpfkarten »wandern«, wenn das Spielfeld gewechselt wird. Ein Beispiel: Frau Bartels will bei einer privaten Feier eine Freundin, 56 Jahre alt, mit ihrem Chef, 30 Jahre alt, bekannt machen.

Sie überlegt, wer die Trumpfkarte hat, und kommt zu dem – richtigen – Schluss: Ihre Freundin hat sogar zwei dieser Sonderbonus-Karten – als deutlich Ältere und als Frau. Also sagt sie, nachdem sie ihre Freundin begrüßt und zu ihrem Chef geführt hat: »Dies ist mein Chef, Herr Jürgen Reger. Herr Reger, das ist eine gute Freundin von mir, Frau Irene Hansen.«

Kurze Zeit später soll sie in der Firma eine neue Mitarbeiterin, 53 Jahre alt, ihrem Chef vorstellen. Nach kurzem Nachdenken über die Trumpfkarten-Verteilung erkennt sie: Im Beruf hat diese eindeutig der »Boss«. Somit bringt sie »die Neue« zu ihm und sagt: »Guten Morgen, Herr Reger. Dies ist unsere neue Mitarbeiterin, Frau Elvira Schuster. Frau Schuster, unser Chef, Herr Jürgen Reger.« Stutzen Sie womöglich gerade und denken: »Da hat sich doch wohl ein Fehler eingeschlichen?«

Das geht vielen Menschen so – wegen des Anfangs: »Guten Morgen, Herr Reger« –, weil sie meinen: »Aber damit ist doch zuerst sein Name genannt. Ich denke, im Beruf soll er doch erst den Namen der neuen Mitarbeiterin mitgeteilt bekommen.« Sehr richtig. Und den nennt ihm Frau Bartels ja auch sofort. Doch da sie ihren Chef an diesem Tag noch nicht gesehen hat, schickt sie freundlicherweise einen Gruß voraus. Und der hat mit dem eigentlichen Vorstellen nichts zu tun. Dieses beginnt erst danach ganz berufsmäßig mit der Namensnennung der neuen Mitarbeiterin.

TIPP

Der Königsweg

→ Moderne Kundenpflege bedeutet, dass Vorgesetzte auf ihre Trumpfkarte zugunsten der »gekrönten Kundenhäupter« verzichten. Sie lassen sich also nicht eine Kundin oder einen Kunden vorstellen, sondern legen Wert auf die umgekehrte Reihenfolge. Um Unsicherheiten im Team zu vermeiden, sind klare Absprachen dazu empfehlenswert.

Überlieferte Einleitungsfloskeln beim Bekanntmachen durch Dritte sowie bei der Selbstvorstellung wie »Gestatten Sie, dass ...?« oder »Erlauben Sie, dass ich Ihnen ... vorstelle?« sind nicht mehr up to date. Außerdem zählen sie zu den »Königinnen« der rhetorischen Fragen. Oder haben Sie jemals gehört, dass darauf jemand »nein« gesagt hätte?! Erwiderungen wie »Angenehm« oder »Habe die Ehre« wirken in beiden Fällen ebenfalls sehr verstaubt. Sie sollten als »alte Zöpfe« entsorgt und durch modernere Formulierungen ersetzt werden. Ein Tagesgruß in Verbindung mit dem Namen ist höflich genug, wenn Sie nicht einen Satz wie »Ich freue mich, Sie (endlich) kennen zu lernen« oder »Wie schön, dass wir uns heute auch persönlich kennen lernen« wählen möchten.

Kartenspiele im Beruf – mit der Visitenkarte einen Stich bekommen

»Oh, gerade merke ich, dass ich keine Visitenkarte dabei habe.«; »Tut mir Leid, ich habe eben meine letzte Karte Ihrer Mitarbeiterin gegeben.«; »Sorry, aber auf einen Visitenkarten-Austausch war ich gar nicht eingestellt.« Solche Aussagen untergraben ein professionelles Image ganz gewaltig. Decken Sie sich deshalb bitte immer reichlich mit Visitenkarten ein. Diese sind außerdem so etwas wie Ihr »erster schriftlicher Eindruck« im Geschäftsleben. Daher ist es wichtig, auf Qualität und Gestaltung viel Wert zu legen. Wobei Sie unter Umständen damit leben müssen, darauf nicht allzu viel Einfluss nehmen zu können. In größeren Unternehmen werden Visitenkarten in der Regel einheitlich mit Blick auf das Corporate Design gestaltet – was auch sehr empfehlenswert ist. Wenn Sie selbst für den Druck Ihrer Visitenkarten zuständig sind oder in Ihrer Firma ein Mitspracherecht haben, finden Sie auf der nächsten Seite einige Hinweise, wie Sie Ihre Visitenkarten optimal gestalten können.

1. Wählen Sie Form, Material und Design passend zu Ihrem Berufsimage: klassisch, vornehm-gediegen, poppig-bunt, aus Holz, Metall, Plastik statt Papier. Die Faustregel: In konservativen Berufen sind klassisch gedruckte Karten auf hochwertigem Papier angebrachter als modische Spielereien, zu denen andere Materialien, farbige Bilder und auch Porträt-Fotos zählen.
2. Prüfen Sie kritisch, ob die Qualität von am PC erstellten Karten gut genug ist. Oft ist dies – wie bei solchen aus Automaten – nicht der Fall, weil sie unprofessionell und billig wirken.
3. Achten Sie bitte darauf, dass die Schrift gut leserlich ist, sowohl was die Art als auch was die Größe angeht (mindestens acht Punkt). Verschnörkelte Schriften eignen sich für Berufskarten nur in den seltensten Fällen. Passend zum Image wären sie beispielsweise für einen Antiquitätenhandel.
4. Überlegen Sie, wie viele Informationen Sie unterbringen wollen. Ist das auf dem gebräuchlichsten Format – Scheckkartengröße – nicht möglich, entscheiden Sie sich am besten für doppelseitig bedruckte Visitenkarten (auch für zweisprachige praktisch) oder Klappkarten.
5. Leporello-Karten bieten noch mehr Platz, sind allerdings für ein konservatives Image ungeeignet. Sie bieten sich in eher unkonventionellen Branchen an, in denen sie häufig gleichzeitig als Werbeträger genutzt und mit Fotos des Unternehmens ausgestattet werden.
6. Gleiches gilt für CD-Visitenkarten. Auch diese moderne Variante erfüllt vorrangig eine Werbefunktion.
7. Folgende Grundinformationen sind bei der Berufs-Visitenkarte Standard: Vor- und Zuname, gegebenenfalls Titel, Funktion, wenn nötig Abteilung, Geschäftsadresse mit Telefon-, (Handy-) und Faxnummer, E-Mail und (falls vorhanden) Internetadresse.

Falls Sie überlegen, ob Sie auch private Angaben auf Ihre berufliche Visitenkarte setzen sollten, bedenken Sie bitte dies: Bei seitens der Firma vorgegebenen Layouts muss Ihr Wunsch »abgesegnet« werden.

Und: Wollen Sie wirklich privat mit beruflichen Dingen konfrontiert werden? Wenn Ihnen das recht ist – nur zu. Es ist durchaus Usus, solche »Mischkarten« zu verteilen. Apropos verteilen: Die »ungeschriebenen Gesetze« des Visitenkarten-Austausches besagen: Die kommende Person überreicht bei Geschäftsbesuchen als Erste ihre Karte. Sie mit elegantem Schwung über den Tisch zu katapultieren ist allerdings nicht »die feine englische Art«, ebenso wenig, eine entgegengenommene achtlos wegzustecken. Nehmen Sie bei der Übergabe Blickkontakt auf und studieren Sie eine Ihnen übergebene Karte aufmerksam. Das signalisiert Ihrem Gegenüber erstens Aufmerksamkeit für seine Person. Zweitens sehen Sie eventuell bei einer Selbstvorstellung verschwiegene Titel (→ Seite 34) wie akademische Grade. So sind Sie in der Lage, direkt die richtige Anrede zu wählen. Es ist übrigens durchaus üblich, Visitenkarten während der Geschäftsbesprechung offen neben oder auf den eigenen Unterlagen liegen zu lassen. So können Sie schwierige Namen immer mal wieder schnell nachlesen oder sich mehrere besser merken. (Besonders alle mit schlechtem Namensgedächtnis »Gesegneten« wissen das sehr zu schätzen.)

→ GEWUSST WIE

→ Geben Sie beim Empfang, an der Information oder wo immer bei einem Geschäftstreffen Ihre erste Anlaufstelle ist, Ihre Visitenkarte ab. Das erleichtert den dort Tätigen, Sie anzumelden oder Ihnen einen Tagesausweis auszustellen (besonders wichtig bei schwierigen Namen).

→ Achten Sie bitte unbedingt darauf, dass Ihre Karten immer tipptopp sind: nicht verknickt, ohne Eselsohren, Fettflecken oder Notizen auf der Rückseite!

→ Geben Sie keine handschriftlich verbesserten Karten ab. Im Gegensatz zum Privatleben, wo per Hand geschriebene Zusätze nicht verpönt sind, wirken sie im Beruf unprofessionell und schlecht organisiert.

Brillieren durch titulieren mit Manieren – Anreden und Tücken

Dass es nicht zum guten Ton gehört, wenn beispielsweise ein Chef einen Mitarbeiter mit: »Meyer, kommen Sie mal sofort her« zu sich zitiert, ist weitgehend bekannt. Ebenso weit verbreitet ist die These: Die liebste Vokabel eines Menschen ist sein Name, an der sicher viel Wahres ist. Seit Jahrzehnten werden wir zunehmend »nummeriert«: Servicenummer, Mitgliedsnummer, Kundennummer und etliche mehr. Wie negativ sich dies auf das gute Kundenverhältnis auswirkt, hat sich inzwischen herumgesprochen. Deshalb halten viele Unternehmen ihre Mitarbeitenden dazu an, so oft wie möglich den Namen einer Kundin oder eines Kunden zu verwenden.

Dies ist als Grundidee sicher gut. Was daraus teilweise erwächst, ist es nicht. Wird nach jedem zweiten Satz krampfhaft ein »Frau Bartels« oder »Herr Heidenreich« eingeflickt, wirkt das heuchlerisch oder antrainiert und völlig übertrieben. Ebenso wie die in letzter Zeit wie »andressiert« wirkende Kundenpflege, nach einem Kauf, der mit Karte bezahlt wurde, den dadurch erkennbar gewordenen Namen zu verwenden. Wird er für alle weiteren Umstehenden hörbar, fühlen sich viele Kundinnen und Kunden mehr in ihrer Privatsphäre verletzt als »gebauchpinselt«.

Deshalb gilt: Ansprache mit Namen ja – aber erstens nicht zu übertrieben oft, zweitens nicht zu laut, wenn Fremde dabei sind, und drittens bitte immer mit Blickkontakt, am besten verbunden mit einem Lächeln. Nur so wirkt die Namensnennung nicht wie seelenloses leeres Getue, sondern wie das aufrichtige Bemühen um Kundenpflege.

Übrigens – kleiner Abstecher: Auch »gute Wünsche« wie »Schönen Tag/Abend noch« oder »Ein schönes Wochenende«, die ohne Blickkontakt desinteressiert heruntergeleiert werden, retten die »Service-Wüste Deutschland« nicht!

»Titel« – was ist das eigentlich?

Laut Fremdwörter-Duden ist die Definition klar: »Beruf, Stand, Rang, Würde kennzeichnende Bezeichnung, häufig als Zusatz zum Namen«. Nicht gelöst ist damit die Frage, welche Titel üblicherweise bei Anreden mitgenannt werden. Dazu zählen in Deutschland akademische Grade, Adelsprädikate, verliehene (Ehren-)Titel, Amts- und Funktionsbezeichnungen bei hohen politischen und kirchlichen Ämtern. Früher gebrauchte Anreden mit Berufsbezeichnungen wie: »Herr Studienrat«, »Herr Ministerialrat«, »Herr Ingenieur« und Ähnliche sind in Deutschland – in Österreich nicht! – zugunsten des Namens verschwunden. Magistra/Magister ist eine Anrede, die ebenfalls in unserem geschätzten Nachbarland, nicht aber bei uns verwendet wird.

Was jedoch übergreifend eint, ist dies: Durch falsche oder fehlerhafte Anreden können Menschen sich brüskiert fühlen. Deshalb ist es – nicht nur – im Berufsleben wichtig, sich über persönliche Vorlieben und Abneigungen Einzelner zu informieren. Grundsätzlich hilft eine alte, jedoch nach wie vor aktuelle Höflichkeits-Regel, Fettnäpfchen zu umgehen. Sie besagt: Reden Sie wie auch immer »Betitelte« anfangs grundsätzlich mit Titel und Namen an. Falls diese daraufhin keinerlei Äußerungen wie: »Ach, lassen Sie … ruhig weg. Der Name reicht mir« verlauten lassen, behalten Sie diese Form bei. Eine Ausnahme zu dieser Gepflogenheit gibt es zwischen Promovierten. Sie reden sich untereinander üblicherweise nur mit dem Namen an.

TIPP

Einfach nachfragen

→ Ein kurzes Telefonat zum Beispiel von Sekretariat zu Sekretariat kann im Berufsleben Anrede-Unsicherheiten schnell aus der Welt schaffen. Nutzen Sie diese Möglichkeit ruhig bei geplanten Erstbegegnungen, besonders bei seltenen oder schwierigen Titulierungen.

Kleines Anrede 1×1

→ Bei mehreren unterschiedlichen akademischen Graden wird in der Anrede nur der höchste verwendet. Lediglich in der Adresse tauchen alle auf. Beispiel: »Frau Professorin Dr. Ulrike Senzer« ist die korrekte Anschrift. Die Anrede beschränkt sich auf »Frau Professorin Senzer« beziehungsweise schriftlich »Sehr geehrte (liebe) Frau Professorin Senzer«.

→ Hat jemand mehrere Doktortitel, gilt das gleiche Prinzip. In der Anschrift tauchen alle auf, bei der Anrede reicht einer. Beispiel: »Herrn Dr. Dr. h. c. Jens Sundermann«, Adresse. »Herr Dr. Sundermann«, mündliche Anrede. »Sehr geehrter (lieber) Herr Dr. Sundermann«, Anrede schriftlich.

→ Der Zusatz eines ehrenhalber verliehenen Doktortitels (e. h. abgekürzt oder h. c. = honoris causa) erscheint zwar in der Adresse, wird bei der Anrede hingegen weggelassen. Dort bleibt nur der »Dr.« hör- beziehungsweise sichtbar.

→ Bei mehr als zwei Doktortiteln können Sie in der Adresse die Abkürzung »mult.« (von lateinisch multus = viel, zahlreich) verwenden, ohne unhöflich zu sein. Die Anschrift »Frau Dr. mult. Dr. h. c. mult. Christiane Granzow« bedeutet also: Frau Granzow hat sowohl mehrere verliehene als auch mindestens zwei durch Promotion erworbene Doktortitel.

→ Ebenso ist die Abkürzung »Dres.« (Doktores = Mehrzahl) in einer Anschrift an mehrere Promovierte Usus. Beispiel: »Dres. Herrn und Frau Ulf und Eva Bach«. Bei der Anrede hingegen gilt diese Zusammenziehung als unhöflich.

→ »Dr.« wird immer abgekürzt verwendet. »Professor« oder »Professorin« hingegen soll unter Höflichkeitsaspekten möglichst ausgeschrieben werden, in einer Anrede immer (auch wenn dem in der letzten Fassung der DIN 5008 keine Bedeutung mehr beigemessen wird). Wie lange es noch dauert, bis auch »Doktorin« zum Anrede-Standard gehört, kann nur noch eine Frage von eingeschränkter Dauer sein. Im neuesten Duden ist die weibliche Form bereits enthalten und sogar die Gesellschaft für deutsche Sprache empfiehlt inzwischen die Umsetzung in die weibliche Form.

→ Akademische Grade werden in Verbindung mit »Frau« oder »Herr« sowie dem Namen genannt. Lediglich in der Arztpraxis und im Krankenhaus kann es ausreichen, sich auf »Frau Doktor(in)«, »Herr Doktor« zu beschränken. Doch auch dort ist es natürlich nicht »verboten« – und auf jeden Fall höflich –, den Namen mit auszusprechen. Innerhalb einer Universität wird ebenfalls manchmal auf die Namensnennung verzichtet und es bei »Frau Professorin«, »Herr Professor« belassen.

→ Die Bezeichnungen »Magnifizenz« (Rektorin/Rektor) sowie »Spektabilität« (Dekanin/Dekan) werden selbst im universitären Bereich allenfalls noch bei hochoffiziellen Anlässen gebraucht.

→ Anreden mit Amtsbezeichnungen ohne Namenszusätze sind bei sehr hohen Staatsämtern üblich. Beispiele: »Herr Bundespräsident«, »Frau Bundeskanzlerin«, »Frau Bundestagspräsidentin«.

→ Für Frauen werden Amts- und Funktionsbezeichnungen generell in die weibliche Form umgesetzt wie Ministerin, (Ober-)Bürgermeisterin, Staatsanwältin, Präsidentin, Abgeordnete, Landrätin. Ob für Frauen oder für Männer gebraucht: Diese Art Anreden wird heute nur noch dann verwendet, wenn die betreffende Person in offizieller Funktion agiert. Im privaten Umgang miteinander weichen sie dem Namen plus gegebenenfalls einem akademischen Grad.

→ Die Anrede »Fräulein« wird nur noch auf ausdrücklichen persönlichen Wunsch einzelner Frauen – oft ältere Damen – gebraucht.

Ein Sonderfall: Adelsanreden

Seit der Weimarer Verfassung gelten bestimmte Adelsbezeichnungen in Deutschland als Bestandteil des Namens. Somit wären die Anreden eigentlich – das berühmte Einschränkungswort – ganz einfach und klar. Doch weit gefehlt. Im gesellschaftlichen Umgang werden erstens teilweise noch die vor dieser Zeit gültigen Formen wie »Durchlaucht« oder »(Eure) Hoheit« gebraucht, die genau genommen nur noch Angehörigen regierender Königs- oder Fürstenhäuser zustehen. Zweitens hat es sich etabliert, »Frau« oder »Herr« – außer bei Adressen – wegzulassen. Dass dies namensrechtlich nicht ganz korrekt ist, wird nur von wenigen beachtet. So ist es üblich, weil seit 1919 eingebürgert, beispielsweise zu sagen »Guten Morgen, Gräfin Westberghausen« oder »Dr. Graf Hochheimer, darf ich Ihnen einen Kaffee anbieten?«. Hat der Name einen Zusatz wie »von der Sparenburg« oder »zu Mergenthal«, fällt dieser in der mündlichen Anrede weg. Ebenso ein »von«, vorausgesetzt, es steht in Verbindung mit einem anderen Adelsprädikat.

Bei Briefanschriften hingegen werden solche Namensteile sowie die Zusätze »Frau« und »Herrn« komplett aufgeführt. Eventuelle akademische Grade bleiben an der üblichen Stelle vor dem Vornamen. Beispiele dafür sind:

- »Frau Professorin Catharina Gräfin von Westberghausen«
- »Herrn Dr. Christian Graf Hochheimer zu Mergenthal«

Diese Beispiele sind umsetzbar auf Prinzessinnen und Prinzen, Herzoginnen, Herzöge sowie Fürstinnen und Fürsten aus nicht regierenden Häusern. Die Adresse für eine Freifrau oder einen Freiherrn sieht traditionell so aus:

- »Frau Alexandra Freifrau von Eibsch«
- »Herrn Alexander Freiherr von Fircks«

Um die pleonastisch wirkende Doppelung zu vermeiden, wird heute oft den modernen Varianten der Vorzug gegeben:

- »Alexandra Freifrau von Eibsch«
- »Alexander Freiherrn von Fircks« – dabei bitte auf das »n« achten! Regional bedingte Unterschiede lassen aus der Anrede »Frau von Eibsch« »Baronin Eibsch« und statt »Herr von Fircks« »Baron Fircks« werden. Das »von« wird bei Anreden von Baroninnen und Baronen üblicherweise weggelassen und taucht nur in der Anschrift auf.

Wenn Sie unsicher sind, wie Sie eine adelige Person richtig anreden, fragen Sie in Spontansituationen ruhig nach deren Wünschen. Vermeiden Sie dabei jedoch eine Formulierung dieser Art: »Wie möchten Sie denn angesprochen werden?« Mit ziemlicher Sicherheit werden Sie eine aus aristokratischer Zurückhaltung geborene Antwort wie »Ach, das können Sie halten, wie Sie wollen. Sie können auch einfach Frau Sowieso zu mir sagen« selbst dann hören, wenn eine solche Anrede unbeliebt ist. Erkundigen Sie sich deshalb besser nach der »korrekten«, »richtigen« oder »offiziellen« Anredeform statt nach der »gemochten«. Bei geplanten Geschäftstreffen ist eine vorherige Ermittlung allerdings empfehlenswerter (→ Seite 41). Weitere Recherchequellen für korrekte Adelsanreden und andere Informationen bieten sich Ihnen beim Deutschen Adelsarchiv in Marburg, auf der Webseite www.adelsdatenbank.de oder im »Genealogischen Handbuch des Adels«.

»Hey, Frau Müller, kommst du mal?« – vom Duzen und Siezen

Die Diskussion, ob das Duzen oder Siezen im Beruf »richtig« oder »falsch« ist, hat sich in den letzten Jahren verstärkt. Eine eindeutige Antwort darauf ist so gut wie unmöglich. Viel zu unterschiedlich sind dazu persönliche Empfindungen und diesen stehen manchmal Firmenphilosophien diametral entgegen. Wer in einem Unternehmen tätig ist, in dem das allgemeine Duzen als »betriebliche Weltanschauung« angeordnet wird, hat keine Chance, sich dagegen zu wehren. In allen anderen Fällen denken Sie bitte an Folgendes: Dem Sie und dem Du werden emotional Distanz und Nähe zugeordnet.

Es handelt sich dabei um eine sprachliche Grenze, deren unerlaubtes Übertreten Unmut bis starke Aversionen auslösen kann. Deshalb ist es bei uns Usus, um ein Du zu bitten beziehungsweise es anzubieten. Das Recht dazu haben im Beruf Vorgesetzte (betriebsintern), Kundinnen und Kunden (extern) sowie Teammitglieder »Neulingen« gegenüber. Dieses Recht umfasst jedoch auch eine Pflicht: Niemand sollte ohne Absprache vom Du Gebrauch machen! Einseitiges, herablassendes Duzen ist verletzend und beeinträchtigt das Arbeitsklima. Beispiele: Ältere Teammitglieder duzen Azubis, ohne deren Einverständnis eingeholt zu haben. Vorgesetzte erlauben sich dieses Verhalten »Unterstellten« gegenüber. In Pflegeberufen werden betagte Menschen einfach mit »Oma« oder »Opa« und »du« angesprochen. Ausländischen Mitbürgerinnen und Mitbürgern gegenüber wird so getan, als kämen sie mit dem deutschen Sie nicht klar, und sie müssen sich Sätze wie »Na, du kapieren?« anhören. All das ist von wertschätzendem Verhalten Millionen Lichtjahre entfernt. Es ist schlicht respektlos.

Überfallen Sie Menschen bitte nicht mit einem Duz-Angebot, zum Beispiel Neulinge im Team. Formulieren Sie Ihren Vorschlag, vom Sie zum Du überzugehen, am besten so, dass die gefragte Person ablehnen kann, ohne Miss-Stimmungen befürchten zu müssen. Beispiel: »Wir hier im Team duzen uns alle und bieten Ihnen gern an, sich dem anzuschließen. Wenn Sie das jedoch lieber (noch) nicht möchten, ist das für uns auch in Ordnung.«

Solche »offenen Angebote« sind jedoch leider nicht die Regel. Oft hört sich das eher so an: »Damit du gleich Bescheid weißt: Wir duzen uns hier alle im Team. Ich bin der Martin.« Was also tun, wenn jemand nach dieser überrumpelnden Duz-Offensive lieber beim Sie bleiben möchte? Deutlich betont sei als Erstes: Jeder Mensch hat das Recht, ein Duz-

TIPP

Ablehnung mit Fingerspitzengefühl

→ Wenn Sie ein Duz-Angebot ablehnen, senden Sie am besten vorab eine positive Botschaft. Dies mindert die Gefahr, dass sich die andere Person zurückgestoßen fühlt. Geben Sie außerdem, wenn eben möglich, eine Erklärung für Ihre abschlägige Antwort. Beispiel: »Ich freue mich über den Vertrauensbeweis, als den ich Ihr Angebot empfinde. Herzlichen Dank dafür. Ich bitte Sie jedoch um Verständnis, dass ich Ihr Angebot nicht annehmen kann. Im beruflichen Umfeld duze ich mich grundsätzlich mit niemandem und fürchte, einen Präzedenzfall zu schaffen, wenn ich davon abweiche. Deshalb lassen Sie uns bitte weiterhin beim Sie bleiben. Der gute Draht, den wir miteinander haben, bleibt ja trotzdem bestens erhalten.«

Angebot abzulehnen! Ob es im Arbeitsleben mit Blick auf das (neue) Team klug ist, bleibt fraglich. Überlegen Sie deshalb in einer solchen Situation: »Womit kann ich besser klarkommen? Damit, durch ein Ablehnen des Duzens eventuell als Außenseiter oder hochnäsig abgestempelt zu werden (was leider häufig die Folge ist), oder damit, meinen Wunsch nach sprachlicher Distanz aufzugeben? Oder ist es sogar von Vorteil, wenn ich zeige, dass mir eine gewisse Distanz wichtig ist?« Die Antworten und Ihre Entscheidung kann Ihnen keine Umgangsformen-Regel abnehmen.

→ Oft hilft es, die Empfindungsdistanz zwischen Duz- und Siez-Typen zu verringern, wenn die Mischform: Anrede mit Vornamen, jedoch plus Sie gewählt wird.

→ Ob es gewünscht oder gar verboten wird, sich vor der Kundschaft zu duzen, hängt von der Geschäftspolitik ab. In konservativen Branchen wird vielfach das Sie erwartet beziehungsweise sogar angeordnet. Doch wie auch immer: »Frau Müller, kommst du mal?« ist und bleibt in Hörweite von Kundinnen und Kunden Nonsens. Nur den Vornamen gegen den Nachnamen auszutauschen, ansonsten jedoch das Du zu belassen, ist schlechter Stil.

→ In der Schriftform kann das Duzen bei geschäftlichen Vorgängen ebenfalls deplatziert sein. Etwa, wenn es um vertragliche Abwicklungen oder Schreiben geht, die auch Dritte zu Gesicht bekommen. Die beste Lösung: Sie verfassen das »offizielle Papier« im Sie-Stil und vervollständigen den Brief mit einer extra Seite oder einer kurzen Begleitnotiz in der Du-Ansprache.

Die große Ausnahme – der Morgen danach

Wer kennt sie nicht, die Katerstimmung nach einem feucht-fröhlichen Betriebsfest?! Oft wird diese noch vergrößert, wenn dunkle Erinnerungsfetzen an wilde »Duz-Verbrüderungsszenen« quer durch alle Hierarchiestufen das immer noch etwas angegriffene Gehirn martern. Sagt der wiederhergestellte rationale »Arbeitskopf«: »Das war ein Fehler. Diese Duzerei belastet eher unseren Arbeitsalltag, als dass sie ihn fördert«, dann hilft nur eins: Farbe bekennen, den »Alkohol-Fehler« eingestehen, sich für ihn entschuldigen, den alten Sie-Zustand wiederherstellen – und zwar sofort, am Morgen danach. Das ist die einzige Chance, tiefreichenden Verletzungen, die sonst durch die Rücknahme eines Dus unweigerlich entstehen, entgegenzuwirken.

Sind Sie nach einem feucht-fröhlichen Duz-Angebot nicht sicher, ob Ihre Vorgesetzte oder Ihr Chef es ernst gemeint hat? Dann warten Sie am nächsten Tag, welche Anredeform sie oder er wählt. Hören Sie das vor der Feier übliche »Sie«, vergessen Sie das Ganze und bleiben auch Sie dabei. Merken Sie: Offensichtlich wird eine direkte Anrede vermieden, sprechen Sie das Thema hingegen besser an. Unterbreiten Sie das Angebot, wenn gewünscht gern – und zwar wirklich ohne Schmollen! – zum Stand von vorgestern zurückzukehren. Unter Umständen können Sie dann einen ziemlich dicken Stein vom »Boss-Herzen« fallen hören und einen ebenso großen ab sofort im Brett haben.

Über den guten Umgang – Freiherr Knigge lässt grüßen

2

Das Mini-Quiz für Ihren persönlichen Schnell-Check zu den Themen Frauen und Männer, Rauchen, Pünktlichkeit, Klatsch sowie Berufsstart:

1. Frauen haben selbstverständlich auch im Beruf ein Anrecht darauf, dass Männer ihnen wie eh und je die traditionellen Kavaliersgesten zukommen lassen. ❑ richtig ❑ falsch
2. Was unter sexueller Belästigung zu verstehen ist, lässt sich eindeutig definieren. ❑ richtig ❑ falsch
3. Klatsch und Tratsch kann zu Gerüchten führen, die Auslöser oder Bestandteile von Mobbing sind. ❑ richtig ❑ falsch
4. Eine Grundregel zum höflichen Verhalten beim Rauchen besagt: Nie mit einer brennenden Zigarette (Zigarillo, Zigarre, Pfeife) ein fremdes Gebäude betreten. ❑ richtig ❑ falsch
5. Wer nachlässig mit der Zeit anderer umgeht, ist rücksichtslos. ❑ richtig ❑ falsch
6. Wenn Sie neu in einer Firma sind, ist es am klügsten, Verbesserungs- und Änderungsvorschläge direkt zu Anfang, am besten in den ersten zwei bis drei Tagen, einzubringen. ❑ richtig ❑ falsch

Haben Sie etwas Zeit, die Antworten herauszufinden? Dann lesen Sie bitte das folgende Kapitel. Möchten Sie das Ergebnis lieber auf einen Blick? Dann schauen Sie einfach auf Seite 125 nach.

Selbst ist die Frau? – sind Kavaliere im Beruf out?

Dass Frauen ohne männliche Hilfe eine Tür öffnen, sich auf einen Stuhl setzen sowie davon aufstehen, ihren Mantel anziehen – ja, sogar, dass Frauen im Beruf »ihren Mann stehen« können (ob der Ausspruch wohl von einer Frau erfunden wurde???), hat sich mittlerweile herumgesprochen. Auch unter Männern. Diese haben solche Erkenntnisse allerdings teilweise durch unerfreuliche Erfahrungen gewinnen müssen. Ein Beispiel: Kollege Höflich will Kollegin Zickig etwas Gutes tun und ihr in den Mantel helfen. Mit einem empört über die Schulter gezischten »*Dasssss* kann ich auch alleine!« entreißt sie ihm den Mantel und bedenkt ihn im Davonrauschen noch mit einigen »Wenn-Blicke-töten-könnten«-Blitzen. Wenn ein Mann, dem solches oder Ähnliches ein paar Mal passiert ist, seine »Kavaliers-Ader« schleunigst einfriert, ist das wohl verständlich.

Eine dringende Bitte an alle Männer, die sich mit dem Kollegen Höflich durch eigene Erfahrungen verbunden fühlen: Scheren Sie die Geschlechtsgenossinnen von Frau Zickig bitte nicht alle über einen Kamm. Die Frauen, die wie sie reagieren, sind in einer extrem kleinen Minderzahl. Umfrage-Ergebnisse beweisen: Fast 90 Prozent der Frauen wissen Kavaliersgesten wie das In-den-Mantel-Helfen sehr zu schätzen. Ein Hinweis: Fragen Sie bei Unsicherheit, zu welcher »Mantel-Anzieh-Kategorie« eine Frau tendiert, doch einfach nach. So laufen Sie gar nicht erst Gefahr, dass Ihre freundliche Geste zurückgewiesen werden könnte.

Eine mindestens ebenso dringende Bitte an alle Frauen, die – aus welchem Grund auch immer – meinen, solche Gesten zurückweisen zu müssen: Ihr Recht, Hilfsangebote abzulehnen, ist unbestritten. Doch bitte tun Sie dies freundlich, höflich oder zumindest sachlich statt beleidigend. Das Zusammenarbeiten von Frauen und Männern im

Beruf ist auch ohne solche »Rollen-Revier-Grabenkämpfe« oft schwierig genug. Was verständlich ist. Schließlich kann etwas, das es jahrhundertelang nicht gab, kaum in wenigen Jahrzehnten »normal« werden. Es existieren viel zu tief sitzende Rollenklischee-Bilder, Vorurteile und fest verankerte Gewohnheiten. Moderne Berufs-Spielregeln helfen, diese zu erkennen und zu verändern. (→ Trumpfkarten-Verteilung, Seite 27). Was speziell Frauen zu diesem Wandel aktiv beitragen können, ist unter vielem anderem eine moderne, unverkrampfte Einstellung zu Kavaliersgesten: Eine berufstätige Frau empfindet sie nicht als ein ihr zustehendes Recht, klagt sie nicht (emotional) ein. Werden sie jedoch von einem Mann freiwillig angeboten, dann geht sie damit souverän um. Beispiel: Eine Assistentin erwartet nicht von ihrem Chef, dass er ihr die Tür öffnet und ihr im Fahrstuhl den Vortritt lässt. Sie weiß: Nach dem modernen Trumpfkarten-System stehen ihm diese Höflichkeits-Privilegien zu. Verzichtet er jedoch freiwillig darauf und bietet ihr Kavaliersgesten an, nimmt sie diese Freundlichkeit einfach mit einem strahlenden »Danke« entgegen.

TIPP

Hilfe anbieten

→ Wirklich partnerschaftliches Miteinander lässt sich mit dem »Von-Mensch-zu-Mensch-Prinzip« am besten erreichen. Dabei wird weder nach »Trumpfkarten« noch nach Rollen geschaut. Es funktioniert sehr einfach: Jeder Mensch, der sieht, dass einem anderen durch eine kleine Hilfsgeste der Arbeitsablauf oder der Alltag erleichtert wird, bietet diese an! Ein Beispiel: Eine Vorgesetzte kommt gleichzeitig mit einem Auszubildenden, der voll bepackt ist mit Arbeitsmaterial, vor einer Tür an. Dann öffnet sie diese ganz selbstverständlich, wenn sie die Hände frei hat.

Moderne Gästebetreuung – manchmal läuft sie aus dem Ruder

Wie Sie den optimalen Geschäftsgast-Empfang gestalten, wissen Sie: Sie holen die Person an der Information (beim Pförtner) ab. Sie bieten ihr beim Gehen die rechte Ehrenseite an, lassen ihr beim Betreten des Fahrstuhls oder auf einer Treppe den Vortritt und öffnen ihr Türen beziehungsweise halten diese auf. Und wenn der Gast sich im Gebäude nicht auskennt, übernehmen Sie die Führung, um ihm den Weg angenehmer zu gestalten. Dazu verdeutlichen Sie verbal, dass Ihnen sein Vortritts-Recht sehr wohl bekannt ist, etwa: »Ich glaube, es ist praktischer, wenn ich jetzt einfach vorgehe.« Oder altmodischer ausgedrückt: »Sie gestatten doch, dass ich vorgehe?« In den meisten Fällen wird ein Gast sich äußerst wohl fühlen, wenn er solches erlebt.

Es kann jedoch Ausnahmen geben und zwar vorrangig bei folgender Konstellation: Eine Frau will diese – absolut richtige und empfehlenswerte – Gästebetreuung einem betagten Kavalier der alten Schule zukommen lassen. Sie können ziemlich sicher sein: Das klappt nicht. Es wird nur Sekunden dauern, dann findet sie sich auf der Ehrenseite wieder, weil der Herr diskret hinter ihrem Rücken nach »Backbord« gewechselt hat – wenn nötig auch stets aufs Neue. Sollte sie darauf bestehen, ihm an Türen oder vor dem Fahrstuhl den Vortritt zu lassen, werden die beiden vor lauter »Bitte nach Ihnen« vermutlich nie im Besprechungsraum ankommen. Lassen Sie in einem solchen Fall die sonst optimale Gästebetreuung getrost »aus dem Ruder« laufen. Denn ein Kavalier der alten Schule hat tief verinnerlicht: Eine Dame geht immer rechts, ihr wird die Tür geöffnet und stets der Vortritt gelassen. Er würde sich bei umgekehrtem Rollenverhalten vermutlich eher unwohl als geehrt fühlen. Und das soll natürlich auf keinen Fall passieren, denn: Oberstes Gebot der Geschäftsgast-Betreuung ist, den Aufenthalt für ihn so angenehm wie möglich zu gestalten.

Ein heikles Thema – sexuelle Belästigung

Eine schwieriger Punkt bei diesem Thema ist bereits die Definition, was unter sexueller Belästigung eigentlich verstanden wird. Sicher: Bei besonders schweren Übergriffen lässt sich das eindeutig klären. Darüber sind sich Frauen und Männer sogar einig, wie bei aufgedrängten Küssen, Aufforderung zum sexuellen Verkehr, Versprechen beruflicher Vorteile bei sexuellem Entgegenkommen oder Androhung beruflicher Nachteile bei dessen Verweigerung. Daneben gibt es jedoch eine große Grauzone, in der nicht einmal die Empfindungen der Frauen übereinstimmen. Dass dies fast zwangsläufig so sein muss, liegt an den stark unterschiedlichen persönlichen Grenzen (→ Seite 12 ff.) und der jeweiligen Einstellung zur Sexualität sowie der »inneren Lebenslandkarte« einer Frau. So kann Kollegin A. sich bereits von eindeutig zweideutigen Blicken oder Bemerkungen des Kollegen B. peinlich berührt fühlen. Kollegin C. lassen solche Anzüglichkeiten völlig kalt. Frau D. empfindet den im Büro von Herrn F. hängenden Pornokalender als sexistische Provokation. Frau G. beschließt, sich mit solchem »Kleinkram« nicht das Nervenkostüm zu ramponieren und schaut einfach daran vorbei.

Es ist übrigens ein Vorurteil, dass ausschließlich Frauen von sexueller Belästigung heimgesucht werden. Der Anteil der Männer, die solches erleben, ist allerdings sehr viel geringer. Außerdem gehen diese offensichtlich anders mit solchen Belästigungen um. Die Betroffenen sind mehr-

TIPP

Bitte Vorsicht!

→ Die größte Differenz zwischen der weiblichen und männlichen Einstufung, was sexuelle Belästigung ist, findet sich bei den »zufälligen« Körperberührungen. Fast zwei Drittel der Frauen, jedoch nur etwa ein Viertel der Männer, empfinden diese als dazugehörig.

heitlich der Meinung, sich erfolgreich gewehrt zu haben. Frauen hingegen gaben an, weiter belästigt worden zu sein, obwohl sie nach eigener Einschätzung dem Belästiger deutlich zu verstehen gegeben hatten, dass sein Verhalten unerwünscht sei.

Damit sexuelle Belästigung gar nicht erst das Arbeitsklima vergiften kann, ist es hilfreich, die folgenden Punkte zu beachten:

- Kalkulieren Sie bitte ein: Durch die unterschiedlichen Empfindungen Einzelner kann etwas bereits als sexuelle Belästigung empfunden werden, das Sie selbst gar nicht darunter verstehen.
- Halten Sie sich immer an die »ungeschriebenen Distanzgesetze« (→ Seite 12 ff.). Seien Sie besonders sensibel, was Körperkontakt angeht. Überlegen Sie gut, bei welchen Menschen Sie sich Berührungen – die über »offiziell gestattete« wie den Händedruck hinausgehen – leisten können, ohne Missverständnisse heraufzubeschwören.
- Findet im Eifer des Arbeitsalltags eine Körperberührung statt, die wirklich »zufällig«, also versehentlich war, hilft eine Entschuldigung. So kann dem Verdacht, sie sei absichtlich produziert, also dem der sexuellen Belästigung, vorgebaut werden.
- Zeigen Sie deutlich Ihre Grenzen auf und zwar nach dem Motto: »Wehret den Anfängen.« Verwenden Sie dazu Ich-Botschaften (→ Seite 76 f.).
- Setzen Sie gegebenenfalls auch Ihre Körpersprache ein. Beispiele: Sie schaffen mehr Distanz zwischen sich und einer anderen Person, etwa durch eine veränderte Sitzposition oder durch Aufstehen. Nach einer Aussage wie »Ich empfinde diese Art von Witzen als diskriminierend und frauenfeindlich. Deshalb wählen Sie bitte in Zukunft in meiner Gegenwart welche aus einem anderen Repertoire« verlassen Sie – wenn auch nur kurz – den Raum.
- Helfen Sie bitte mit, die alte Mär aus der Welt zu schaffen: »Wenn Frauen ›Nein‹ sagen, meinen sie doch eigentlich ›Ja‹.« Wer »Nein« sagt, meint auch »Nein«!

Freundschaften im Team – wie viel Privates im Arbeitsalltag?

Teamarbeit ist in einem freundschaftlichen Klima besser und effizienter zu leisten, als wenn es Spannungen gibt. Das wird wohl niemand bezweifeln. Probleme können jedoch in solchen Fällen aufkommen: Zwei oder einige Personen einer Arbeitsgruppe verbindet eine sehr enge Freundschaft. Zu den anderen Teammitgliedern bestehen recht distanzierte Verhältnisse. Dieser Unterschied wird von den »eng Verbandelten« pausenlos demonstrativ herausgestellt. Dass damit dem Klima ständige »Schlechtwetterzonen« drohen, ist klar. Da die gleichmäßig starke freundschaftliche Bindung aller Teammitglieder untereinander eher die Ausnahme als die Regel im Berufsleben ist, bedarf es also Fingerspitzengefühls beim Thema »Freundschaft«.

Niemand muss einen Hehl daraus machen, wenn eine solche be- oder entsteht. Schließlich kann sie viel Kraft und Freude im sonst manchmal grauen Arbeitsalltag spenden. Genauso unnötig ist es allerdings, sie auffällig und wirkungsvoll ständig zu demonstrieren. Das beginnt bereits bei Begrüßungsformen. Ein Beispiel: Zwei eng befreundete Kolleginnen, die sich im privaten Bereich mit einer herzlichen Umarmung willkommen heißen, tun dies im Unternehmen nur, wenn niemand sonst im Raum ist. Vor den Augen anderer – besonders vor denen der Kundschaft! – verzichten sie auf diese innige Begrüßung. Sie achten auch darauf, gemeinsame private Erlebnisse und Erinnerungen nicht in langen Gesprächen vor den weiteren Teammitgliedern breitzutreten. Ebenso wenig verschließen sie sich gemeinsamen Freizeit- oder Pausenaktivitäten der Arbeitsgruppe oder der Abteilung, indem sie stets nur »zusammenglucken«. Ihr Motto ist: Unsere Freundschaft ist für uns sehr wertvoll. Das verstecken wir auch nicht. Wir gehen jedoch so mit ihr um, dass sich auch alle Kolleginnen und Kollegen noch genügend wertgeschätzt fühlen.

Wenn Amors Pfeil getroffen hat – ein neues Pärchen in der Truppe

»Mit Verliebten ist vernünftigerweise gar nicht umzugehen …« Diese Umgangs-Empfehlung von Adolph Freiherr Knigge aus dem Jahre 1788 mag damals praktikabel gewesen sein (schließlich gab es Pärchen im Beruf mangels der Anwesenheit von Frauen nicht). Heutzutage müssen alle anderen notgedrungen mit ihnen und sie mit dem Rest der Arbeitswelt umgehen. Um dies auf angenehme Art zu schaffen, gilt alles gerade zur Freundschaft Beschriebene mit dem Zusatz: Zärtlichkeiten oder gar Knutschereien sind in der Berufsöffentlichkeit tabu. Über heimliche Küsse in dunklen Ecken oder verstohlene Treffen im Heizungskeller können nur die von Amors Pfeil Getroffenen selbst entscheiden. Sie sollten jedoch bedenken: Liebesbeziehungen sind in vielen Unternehmen ungern gesehen. Sie können Unfrieden ins Team tragen, Auslöser für Eifersüchteleien sein und bieten einen fruchtbaren Nährboden für unschönes Getratsche. Deshalb kann eine – zumindest anfängliche – Geheimhaltung angebracht sein. Ob und wie weit diese möglich ist, hängt von verschiedenen Faktoren ab. Deshalb sollten Frischverliebte sich folgende Fragen beantworten:

- → **WAS IST FÜR UNS DIE BESTE UMGEHENSWEISE MIT DER NEUEN SITUATION?** Sofortige Offenlegung beugt unter Umständen Klatsch und Tratsch vor; kann aber auch zum Nachteil werden, etwa wenn die »neue große Liebe« nach kurzer Zeit vergangen ist.
- → **WAS IST MIT BLICK AUF DAS TEAM DAS BESTE VORGEHEN?** In einer relativ vertrauten Arbeitsgemeinschaft wird ein Geheimhalten unter Umständen zur Nervenzerreißprobe, wenn ihr die neu Verliebten beide angehören. Sind sie in verschiedenen Abteilungen, vielleicht sogar in einer sehr großen Firma tätig, kann das eher ohne allzu große Belastung klappen.

»Hast du schon gehört…?!!« – Klatsch und Tratsch

Ohne »Flurfunk« ist das Arbeitsleben gar nicht vorstellbar. Ein kleiner Plausch kann sehr förderlich für das gute Betriebsklima sein. Nicht umsonst wird in den letzten Jahren in Firmen verstärkt Wert darauf gelegt, Kommunikationszonen – zum Beispiel auf den Fluren – einzurichten. Klatsch und Tratsch können aber auch der Auslöser für bösartigste Verleumdungen sein. Die Grenze zwischen augenzwinkerndem, harmlosem Klatsch und übler Nachrede ist fließend. Es ist ein himmelweiter Unterschied, ob über Kollegin X erzählt wird: »Also wirklich, stellt euch mal vor: Der X sind doch tatsächlich beim Weiterbildungsseminar die Augen zugefallen. Wir haben alle darauf gewartet, ob sie wohl anfängt zu schnarchen!« Oder ob es heißt: »Die X war beim Seminar so müde, dass sie kurz nach der Mittagspause eingeschlafen ist. Ich hab es ja schon immer gesagt: Die treibt es garantiert nachts reichlich bunt. Wer weiß, was für einen Nebenjob die hat!«

Letzteres ist »Gerüchte-Humus« in Reinkultur, was schlimme Folgen haben kann. Öfter als vermutet sind hinterhältiges Getratsche und Gerüchte der Anfang oder Bestandteil von Mobbing.

→ GEWUSST WIE

- → Prüfen Sie bitte genau, ob es sich um eine harmlose, nicht rufschädigende Mitteilung handelt. Geben Sie das Gehörte nicht unreflektiert weiter.
- → Verschaffen Sie sich Klarheit über den Wahrheitsgehalt. Und wenn Sie auch nur eine Spur des Verdachts haben, dass es sich um Bosheit oder Verleumdung handeln könnte, dann bieten Sie bitte dieser Unkollegialität die Stirn.
- → Verdeutlichen Sie unmissverständlich: »Nein, mit mir nicht. Ich werde… direkt darauf ansprechen, ob etwas Wahres an dieser Behauptung ist.«

Die besten Tipps für Neulinge

Das Thema Klatsch und Tratsch gehört zu jenen, um die Neulinge zu Anfang einen großen Bogen machen sollten, was das Mitreden und Einmischen angeht. Solange interne Gepflogenheiten, offene oder versteckte Netzwerke und Seilschaften, der gewohnte Umgangston und mehr nicht bekannt sind, stehen die Fettnäpfchen dabei nämlich reihenweise trittbereit! Schlagen Sie den Bogen jedoch am besten in einem Radius, in dem Sie (noch) zuhören können. So werden Sie – entsprechende Aufmerksamkeit vorausgesetzt – viele wertvolle Informationen am Rande erhalten. Diese können Ihnen helfen, schneller »den Durchblick« bei abteilungs- oder firmeninternen Gewohnheiten und Abläufen zu bekommen. Und nutzen Sie den Unterschied von »Klatsch« und »Smalltalk« (→ Seite 83). Letzteren sollten Sie natürlich von Anfang an pflegen und mit seiner Hilfe die neuen beruflichen Kontakte anbahnen und festigen.
Aber auch jenseits vom Umgang mit der Gerüchteküche gibt es einige Verhaltensweisen, mit denen Sie den Einstieg erfolgreich gestalten können. Die folgenden Tipps erleichtern Ihnen die ersten Wochen im neuen Team.

→ Im Optimalfall werden Sie an Ihrem ersten Tag in der Firma von einem »alten Hasen« herumgeführt und mit Teammitgliedern bekannt gemacht. Unterbleibt dies, etwa weil Hektik und Stress pur angesagt sind, ergreifen Sie die Initiative mit der Selbstvorstellung (→ Seite 33 ff.). Beschränken Sie sich dann aber am besten auf die engsten Teammitglieder. Die anderen können Sie auch noch kennen lernen, wenn wieder einigermaßen Ruhe eingekehrt ist.

→ Denken Sie bitte an die Trumpfkarten-Verteilung, etwa beim Handreichen und Bekanntmachen (→ Seite 27). Erkundigen Sie sich darüber hinaus nach den speziellen Spielregeln, die in Ihrem neuen Arbeitsumfeld üblich sind. Beispiel:

Möchte die Chefin mit »Frau Direktorin«, »Frau Dr. Muster« oder einfach nur »Frau Muster« angesprochen werden?

→ Halten Sie sich mit Kritik und Verbesserungsvorschlägen zurück. Selbst dann, wenn Ihnen als Neuling ein Ablauf sinnlos und ineffizient erscheint. Brächten Sie Ihre Meinung dann auch noch mit einer Aussage wie »Aber so, wie wir es in meiner alten Firma gemacht haben, ist es viel besser!« zum Ausdruck, könnten Sie sicher sein, sich gleich doppelt unbeliebt gemacht zu haben. Sparen Sie sich die Bekanntgabe innovativer Ideen besser für etwas später auf (es sei denn, Sie sind als Führungskraft dazu eingestellt, den »Laden schnellstens in Schwung« zu bringen oder gar vor der Insolvenz zu retten).

→ Kalkulieren Sie vorsichtshalber ein, dass Sie als »Eindringling« empfunden werden können. Beispiel: Sie übernehmen Aufgaben oder die Verantwortung für Angelegenheiten, mit der vor Ihnen eine andere Person des Teams betraut war. Dann kann das unter Umständen »Territorial-Kämpfe« (→ Seite 14 ff.) des »Platzhirsches« hervorbringen.

→ Verlassen Sie sich nicht darauf, dass jemand die Zeit findet, Sie ausführlich einzuarbeiten. Bekommen Sie diese Vergünstigung – umso besser. Falls nicht, gilt: fragen, fragen und noch einmal fragen. Das ist allemal besser, als vage Vermutungen über die gewünschte Aufgabenerledigung anzustellen und dadurch Fehler zu machen.

→ Bringen Sie in Erfahrung, ob ein »Einstand« zum Pflichtritual gehört. Halten Sie sich dabei am besten sowohl an betriebliche Vorgaben – nicht immer ist das Feiern in der Firma erlaubt – als auch an die Üblichkeitsregeln im Team. Wie lange? Wie viel? Wie teuer? Fallen Sie besonders beim letzten Punkt bitte nicht aus dem gewohnten Rahmen. Bester Termin: nach Ablauf der Probezeit.

Blauer Dunst im Business – die Friedenspfeife muss her!

Obwohl seit Oktober 2002 die Änderung der Arbeitsstättenverordnung zum Nichtraucherschutz in Kraft ist, regelt diese längst nicht alles. Nur so viel steht fest: Rauchverbote in der Firma müssen eingehalten werden. Doch was, wenn es sie nicht gibt? Wenn auf »Einsicht« oder »freiwillige Übereinkünfte« gesetzt wird? Dann gilt als erstes Gebot: Es ist an den Fans des blauen Dunstes, Rücksicht auf die Nichtrauchenden zu nehmen. Denn das »Rauch-Laster« hat im Gegensatz zu anderen Süchten eine ganz spezielle Komponente: Es zwingt die Mitmenschen, daran teilzuhaben. Deshalb sollte klar sein, dass die größte Verantwortung bei der Entschärfung des Rauch-Konflikts auf der Seite der Rauchenden liegt. Trotzdem sei hier auch eine Bitte an Nichtrauchende geäußert: Dem legitimen Wunsch nach rauchfreier Luft können Sie freundlich Ausdruck verleihen statt bissig oder »oberlehrerhaft«. Selbst dann, wenn sich Rauchende nicht an die zweite Grundregel gehalten haben sollten. Sie besagt: Dort, wo es keine ausgewiesenen Verbotszonen oder anderweitige, etwa betriebliche Regelungen gibt, bitte immer erst fragen, ob das Rauchen stört. Und zwar ernst gemeint mit der Bereitschaft, die Antwort zu respektieren – wie auch immer sie ausfällt! Lediglich in speziell ausgewiesenen Raucherzonen ist diese Frage nicht nötig.

Im Umgang mit der Kundschaft können Rauchverbote in Firmengebäuden unter Umständen zu unliebsamen Situationen führen. Ein Beispiel: Einer Ihrer Kunden ist starker Raucher. Bei längeren Geschäftsverhandlungen wird er zunehmend mürrisch oder unkonzentriert. Ob es dann klüger ist, das Rauchverbot ausnahmsweise aufzuheben oder schlimmstenfalls einen guten Kunden zu verlieren, kann nur die Firmenleitung entscheiden. Oder bieten Sie dem Kunden an, weitere Besprechungen in seinem Büro oder in einem Lokal stattfinden zu lassen, in dem geraucht werden darf.

Weitere Grundregeln, an die sich höfliche Rauchende halten, besagen:

- Betrachten Sie bitte nicht nur mit Verbotsschildern gekennzeichnete Bereiche als Rauch-Tabuzonen. Auch alle als Wunsch oder Anliegen formulierten Sätze wie »Bitte unterstützen Sie uns dabei, unsere Geschäftsräume rauchfrei zu halten« oder »Mit Rücksicht auf die Gäste bitten wir Sie, im Frühstücksraum auf das Rauchen zu verzichten« sollten so verstanden werden. Ebenso Hinweise wie »Nichtraucher-Bereich« oder »Nichtraucher-Ecke«.
- Betreten Sie ein fremdes Gebäude – ganz gleich, ob ein öffentliches, geschäftliches oder privates – nie mit »Brennendem« (Zigarette, Zigarillo, Zigarre, Pfeife).
- Nehmen Sie auch fehlende Aschenbecher als Rauchverbot wahr. Eine Grundregel besagt: Dort, wo keine stehen, ist das Rauchen nicht erwünscht – härter ausgedrückt: verboten.
- Die Umkehrung »Wo ein Aschenbecher vorhanden ist, kann geraucht werden« hat im Auto keinen Bestand. Gerade in diesem sehr engen Raum bitte unbedingt fragen, ob andere das Rauchen gestatten.
- Bitte lassen Sie die Frage nach der Raucherlaubnis nicht zur Farce werden: »Sie gestatten doch?« – die Zigarette schon im Mund, das Feuerzeug bereits entflammt. Nur mit einer ehrlichen Frage-Antwort-Kultur können Rauch-Konflikte verringert werden.
- Rauchen Sie bitte nie, wenn andere am Tisch noch essen, und verzichten Sie auch zwischen den Gängen darauf. Selbst die Frage, ob es dann möglich sei, verkneifen Sie sich am besten, sofern Nichtraucherinnen und Nichtraucher in der Runde sind. Vielen von ihnen vergeht der Appetit, wenn sie während des Essgenusses eingenebelt werden.

Halten sich alle Rauchenden an die Höflichkeitsregeln, werden die den Nichtraucherinnen und Nichtrauchern zustehenden Rechte respektiert. Im Gegenzug ist es dann fair, beispielsweise bei Konferenzen und Meetings oder in Seminaren in regelmäßigen, vorher abgesprochenen Abständen kurze Rauchpausen einzulegen.

»Sorry, ich steh im Stau« – eine (un)beliebte Notlüge

»Zeit ist Geld!« Dieser Satz hat im Berufsleben bei uns – manche Völker sehen das anders – zunehmend an Bedeutung gewonnen. Doch nicht nur aus diesem Grund ist es wichtig, andere Menschen nicht warten zu lassen. Pünktlichkeit ist ein Zeichen von Wertschätzung: Sie sind es mir wert, dass ich Ihre Zeit nicht vergeude. Unpünktlichkeit hingegen signalisiert unterschwellig: Sie sind für mich so unwichtig – um nicht zu sagen »wertlos« –, dass ich mir das Recht nehme, Ihre Zeit zu verplempern.

> Es gibt Diebe, die von den Gesetzen nicht bestraft werden, obwohl sie den Menschen das Kostbarste stehlen: die Zeit.
>
> [Napoleon Bonaparte | *französischer Kaiser*]

Der Pünktlichkeits-Grundsatz lautet deshalb: Wer nachlässig mit der Zeit anderer umgeht, ist rücksichtslos. Wobei natürlich »nachlässig« richtig definiert werden muss. Darunter fällt zum Beispiel diese Einstellung: »Ist ja nicht weiter schlimm, wenn ich mich zu spät auf den Weg mache. Ich habe schließlich mein Handy dabei und kann anrufen, dass ich unpünktlich sein werde.« Sicher: Eine telefonische Nachricht über eine Verspätung ist allemal besser, als jemanden uninformiert warten zu lassen. Doch sollte diese Vorgehensweise den Ausnahmen vorbehalten bleiben, wenn trotz ausreichenden Bemühens um Pünktlichkeit unvorhersehbare Ereignisse dieses zunichte machen. Mobile Telefontechnik als generellen Freifahrtschein fürs Zuspätkom-

TIPP

Über den Daumen gepeilt

→ In vertrauten Geschäftsbeziehungen können Sie Zeitstress bei Verabredungen so mindern: Vereinbaren Sie direkt eine »Zwischen-und-Zeit«, etwa, wenn Sie mit dem Auto anreisen. Findet eine Besprechung im Büro einer von Ihnen besuchten Person statt, wird diese dem Vorschlag sicher gern zustimmen, wenn es in ihren Arbeitsablauf passt. Sie kann dann für diese Pufferzeit andere Tätigkeiten einplanen und verliert durch das eventuelle Warten keine Zeit. In einem solchen Fall ist die Absprache einer telefonischen Information gut: »Ich kalkuliere etwa eine halbe Stunde Stauzeit ein bei der Fahrt. Sollte das unglücklicherweise nicht reichen, melde ich mich von unterwegs.«

men zu betrachten fällt unter »nachlässiger Umgang mit der Zeit anderer«, also Rücksichtslosigkeit.

Die für das Zuspätkommen wohl am häufigsten gebrauchte »Ich-stand-im-Stau«-Entschuldigung ist ansonsten mit Vorsicht zu genießen. Sicher: Sie kann der Wahrheit entsprechen. Jedoch selbst dann bleibt an ihr ein Makel haften. Wer geschäftlich mit dem Auto unterwegs ist, weiß: Eine staufreie Fahrt ist auf deutschen Autobahnen höchst selten geworden. Und dass auch Züge öfter Verspätung haben, müsste ebenfalls hinlänglich bekannt sein. Von einem Profi wird deshalb erwartet, dieses Wissen auch in die Planung einzubeziehen. Als Notlüge gebrauchte Stau-Ausreden haben darüber hinaus diesen Haken: »Ach, was Sie nicht sagen – Stau auf der A4? Ich bin eben aus derselben Richtung zu unserem Treffen gekommen. Von einem Stau weit und breit keine Spur.« Kommentar überflüssig!

Keineswegs verzichtbar ist hingegen bei Unpünktlichkeit die Entschuldigung an sich. Mit ihr können Sie dazu beitragen, dass Ihre Verspätung nicht als Rücksichtslosigkeit empfunden wird.

3

Höflich zur Sprache gebracht – in Wort und Schrift

→ Mündlich wie schriftlich – gerade bei dieser Art der Kommunikation kommt es auf das umfassende Know-how an. So können Sie viele Konflikte und unschönen Streit durch eine wohl überlegte, deesskalierende Wortwahl vermeiden. Außerdem profitiert Ihr Image unter anderem davon, wenn Sie sich mit einem modernen Sprach- und Schreibstil auf der Höhe der Zeit zeigen.

Heraus mit der Sprache! – jedoch bitte richtig

Das Mini-Quiz für Ihren Schnell-Check zu den Themen Ich-Botschaften, Zuhören, Killerphrasen, Körpersprache und Smalltalk:

1. Formulierungen, die ein Mensch als Angriff auf sein Selbstwertgefühl empfindet, zählen zu den Killerphrasen. ❑ richtig ❑ falsch
2. Eine komplette Ich-Botschaft besteht aus drei Teilen. Es gibt jedoch auch kürzere Ich-Aussagen, die empfehlenswert sind, weil sie Eskalationen verringern helfen. ❑ richtig ❑ falsch
3. Intensives, richtiges Zuhören wird am besten damit signalisiert, dass keinerlei Zwischenbemerkungen wie »Ach ja?«, »Hm«, »Na, so was« oder »Nein, wirklich?« gemacht werden. ❑ richtig ❑ falsch
4. Der Smalltalk ist eine Gesprächsform, die sich nur im privaten Bereich eignet und im Berufsleben nichts zu suchen hat. ❑ richtig ❑ falsch
5. Dem gesprochenen Wort wird in der Regel mehr geglaubt als der Körpersprache. ❑ richtig ❑ falsch

Haben Sie etwas Zeit, die Antworten herauszufinden? Dann lesen Sie bitte das folgende Kapitel. Möchten Sie das Ergebnis lieber auf einen Blick? Dann schauen Sie einfach auf Seite 125 nach.

Ups, was ist denn nun passiert? – Gesprächsstörer vermeiden

Mit ziemlicher Sicherheit kennen Sie Folgendes: Bis gerade eben noch verlief ein Gespräch für Ihr Empfinden sehr angenehm. Und nun hat sich plötzlich das Klima geändert. Es wird frostig bis eisig. Oder Sie stellen jemandem eine, wie Sie meinen, völlig harmlose Frage. Doch Ihr Gegenüber geht hoch wie von der Tarantel gestochen. Oder Sie bemühen sich nach besten Kräften, eine Kollegin von Ihrer Meinung zu überzeugen. Doch statt auch nur eine Winzigkeit an Einsicht zu zeigen, verteidigt sie ihren Standpunkt immer vehementer und aggressiver. Das sind typische Situationen für die berühmten »Wieso?-Weshalb?-Warum?-Fragen«. Diese lassen sich am besten beantworten, wenn erst einmal Klarheit darüber herrscht, welche unterschiedlichen Gesprächsstörer es gibt. Denn nicht immer sind es Reizwörter oder ungeschickte Formulierungen allein, die einem Gespräch die positive Basis entziehen und das »emotionale Kabel« beschädigen. Wie stets im Umgang miteinander geht es auch hier um die grundsätzliche Einstellung zu und die Bedürfnisse von Menschen. Wie wichtig dabei die Wertschätzung ist, wurde bereits beschrieben. Dazu kommt noch: Fühlt ein Mensch sein Selbstwertgefühl angegriffen, entwickelt er sofort Abwehrmechanismen. Diese können zwar unterschiedlichster Natur sein – zwischen sich verschließen, gar nichts mehr sagen über lügen bis hin zu lautem Toben –, stören jedoch immer die Kommunikation. Auch was die jeweilige Person als Angriff empfindet, ist verschieden. Eine Kettenreaktion bleibt allerdings unausweichlich. Wird einem Menschen die Wertschätzung entzogen oder versagt, ist das zwangsläufig eine Attacke auf das Selbstwertgefühl. Der Grund: Sie gehört zu den tragenden Säulen für seine Bildung und Stabilisierung. Nicht gewährte Wertschätzung – somit eine »Kampfansage« ans Selbstwertgefühl – ist es beispielsweise, wenn jemandem das Recht auf »seine Wahrheit« abgesprochen wird.

Als solche empfindet der Mensch den eigenen Standpunkt, weil dieser nicht nur von Fakten oder äußeren Einflüssen, sondern auch von der »inneren Lebenslandkarte« geprägt wird. Bekommt jemand darüber hinaus sogar noch das Gefühl vermittelt, sein Standpunkt sei »unwahr«, führt das häufig zu Sturheit oder gar Eskalation. Auslöser dafür können beispielsweise sein:

- »Aber das ist doch eine völlig falsche Sichtweise!«
- »Ich bitte Sie, so kann man das doch nun wirklich nicht darstellen!«
- »Also, das sehen Sie aber total falsch!«
- »So dürfen Sie das Thema nicht betrachten!«
- »Du willst doch wohl nicht ernsthaft behaupten, dass …!«
- »Mit was für Unterstellungen operieren Sie denn da?«
- »Hast du überhaupt eine blasse Ahnung, um was es hier geht?!«

3

Das »Vier-Menschen-am-Tisch-Modell«

Bitte stellen Sie sich diese Szene vor: In der Mitte eines Raumes, der nur an einer Seite Fenster hat, sitzen vier Kolleginnen an einem quadratischen Tisch. Jede an einer seiner Seiten mit Schreibarbeiten beschäftigt. Kollegin A. sagt: »Ich kann hier so nicht weiterarbeiten. Von links scheint mir die Sonne so stark aufs Papier, dass ich nichts mehr sehen kann. Bitte, zieh doch mal eine die Vorhänge zu.« Erwidert Kollegin B., die gegenübersitzt, etwas spitz: »Du irrst. Dich kann gar nichts stören. Die Sonne kommt von rechts!« Da lässt Kollegin C. gereizt hören: »Nun stört doch meine Konzentration nicht mit solchen völlig sinnlosen Äußerungen. Die Sonne blendet weder von rechts noch von links. Sie kommt genau von gegenüber.« Begütigend greift nun Kollegin D. ein: »Aber nun mal halblang, Leute. Was soll denn das total überflüssige Geplänkel? Ich sehe keine Sonne.«

Zugegeben, eine sehr simple Metapher. Doch gerade durch die Einfachheit wird klar: Jeder Mensch hat mit seinem Standpunkt (hier: Sitzpunkt) von seiner Warte aus gesehen Recht.

Wer nicht bereit ist, dies zu tolerieren, und nicht den Willen aufbringt, die Gründe für eine andere Sichtweise zu suchen und zu akzeptieren, produziert Gesprächsstörer erster Güte. Verwenden Sie daher lieber Formulierungen wie:

- »Eine interessante Sichtweise, die Sie einbringen. Allerdings kann ich mich ihr spontan nicht (ganz) anschließen, weil…«
- »Ich bin überrascht von Ihrer Darstellung der Dinge. Aus diesem Blickwinkel habe ich das noch nicht betrachtet. Deshalb muss ich mich erst einmal (in Ruhe) damit auseinander setzen, ehe ich …«
- »Ich akzeptiere natürlich, dass Sie eine andere Betrachtungsweise haben als ich. Ich kann mich ihr jedoch nicht (in allen Punkten) anschließen, weil …«
- »Mich irritiert deine Behauptung etwas. Kann es sein (offensichtlich ist es so), dass mir bestimmte Hintergrundinformationen oder Kenntnisse fehlen, damit ich sie nachvollziehen kann?«

Solche Sätze drücken die Akzeptanz für die »andere Wahrheit« sowie die Wertschätzung des individuellen Standpunkts und somit auch für den jeweiligen Menschen aus.

Weitere Gesprächsstörer, die ebenfalls schnell als Angriff auf das Selbstwertgefühl empfunden werden, sind:

- **BELEIDIGENDES UND ABWERTENDES**

  Unter Beleidigungen fallen nicht nur Schimpfwörter, die sowieso tabu sein sollten. Auch Sätze wie die folgenden werden am besten ersatzlos gestrichen:

  - »Das können Sie doch überhaupt nicht beurteilen.«
  - »Ja, merken Sie denn gar nicht, was für einen Schwachsinn Sie hier verbreiten?«
  - »Wenn Sie doch bloß erst mal das Gehirn einschalten würden, ehe Sie den Mund aufmachen!«
  - »Denken Sie etwa, Sie können mich für dumm verkaufen?«
  - »Sie schon wieder mit Ihrer ewigen Uraltleier!«

BEFEHLE

Damit sind nicht nur barsche, knappe Äußerungen gemeint. Es gibt auch sachlich oder gar freundlich formulierte Befehle, die in der Regel »Anweisungen« oder »Aufforderungen« genannt werden. Doch auch sie setzen die »befehlsempfangende« Person unter Druck und mindern das Selbstwertgefühl, wenn die Möglichkeit des Sich-Wehrens nicht besteht (was in hierarchischen Abhängigkeiten in der Regel schwierig ist). Beispiele:

- »Diesen Brief schreiben Sie gefälligst noch einmal. So geht der mir nicht raus!«
- »Ich erwarte, dass der Bericht spätestens morgen Früh um elf auf meinem Schreibtisch liegt!«
- »Fahr gefälligst nicht so schnell!«

HERUNTERSPIELEN UND BAGATELLISIEREN

Wird jemandem die »Aber-das-ist-doch-gar-nicht-schlimm«-Sichtweise übergestülpt, bedeutet das im Klartext: Ihm wird »seine Wahrheit« abgesprochen. Beispiele:

- »Ach, du bist einfach zu empfindlich. Es ist doch gar nicht schlimm, wenn der Chef so mit dir redet. Das tut er doch mit allen anderen genauso.«
- »Aber so wichtig kann es doch gar nicht sein, dass Sie die Antwort bis nächste Woche haben möchten.«
- »Stell dich doch nicht so an. Ist doch alles halb so schlimm!«

ANDERE »SICH DUMM FÜHLEN« LASSEN

Ob es sich um »Fachchinesisch«, Fremdwörter, unverständliche Abkürzungen, unbekannte Sprachen oder mundartliche Ausdrücke in anderen Regionen handelt: Ist jemand nicht in der Lage, das Gesprochene inhaltlich zu verstehen, fühlt er sich »dumm« – ein Selbstwertgefühl-Angreifer erster Güte. Wählen Sie deshalb Ihre Formulierungen bitte immer so, dass andere Ihre Aussagen ohne Schwierigkeiten verstehen können.

»Das ist ja unter aller Kritik!« – besser konstruktiv bemängeln

Eines ist klar: Der Umgang mit Kritik ist sehr individuell. So mancher Mensch hat selbst bei der konstruktivsten Form daran zu »knacken«, sie anzunehmen. Doch wer klug ist, erkennt: Eine Beurteilung ist immer auch eine Chance zur persönlichen Verbesserung, zur positiven Veränderung, Fortentwicklung und Vervollkommnung. Diese Perspektive eröffnet sich dann am besten, wenn die Grundregeln konstruktiver Kritik beachtet werden:

1. **SIE FINDET UNTER VIER AUGEN STATT.**

Eine der größten »Umgangsformen-Sünden« ganz allgemein ist, einen Menschen vor anderen bloßzustellen. Das ist Selbstwert-Attacke und Gesichtsverlust in einem. Deshalb findet konstruktive Kritik nie vor der Kundschaft oder im Kollegenkreis statt. Ausnahme zu Letzterem: Wenn die Beanstandung eine ganze Arbeitsgruppe betrifft.

2. **SIE WIRD ZEITNAH GEÄUSSERT.**

»Ach, übrigens: Was ich Ihnen schon seit Monaten sagen wollte …« Die so angesprochene und kritisierte Person wird daraus den Schluss ziehen: »Na, so besonders wichtig kann es ja wohl nicht sein, was da bemängelt wird!«

3. **SIE IST SACHBEZOGEN UND NIE PERSÖNLICH VERLETZEND.**

»Sie Trottel, wie lange wollen Sie denn noch dafür brauchen?!?«; »Sie sind doch völlig unfähig, Ihr Team zu führen!« Das sind Beispiele für verletzende, persönliche Angriffe und zudem völlig unkonkret und somit unbrauchbar. Besser: »Wir bekommen Lieferschwierigkeiten, wenn diese Arbeit nicht bald fertig ist. Warum dauert sie so lange?«; »Offensichtlich stimmen wir in unseren Ansichten über Führungsstile nicht überein. Ich lege Ihnen gern noch einmal dar, welche Prioritäten ich setze.«

4 SIE IST DETAILLIERT STATT VERALLGEMEINERND.
»Ihr Benehmen der Kundschaft gegenüber ist schlecht.«; »Ständig machen Sie Fehler!«; »Nie kann man sich auf Sie verlassen!«; »Keiner versteht, wie Sie das meinen.« Pauschalierungen wie »stets«, »immer«, »nie«, »ständig«, »alle«, »keiner«, »jemals« oder »jedes Mal« sind wohl kaum jemals – statt »nie«! – wahr. Schon wegen der Übertreibung wirken sie unglaubwürdig. Und was soll jemand unter »Ihr Benehmen« verstehen? Das können zig Detailpunkte sein. Besser: »Ich habe beobachtet, dass Sie häufig vergessen, Kundinnen oder Kunden zu grüßen. Bitte achten Sie ab sofort darauf, dies zu tun. Es gehört nun einmal zur guten Kundenpflege unbedingt dazu.«; »Ich erlebe es jetzt zum dritten Mal in dieser Woche, dass es Fehler bei … gibt.«; »Ich muss mich nicht nur partiell, sondern grundsätzlich auf meine Teammitglieder verlassen können. Deshalb …«; »Ich habe Schwierigkeiten nachzuvollziehen, wie Sie das meinen. Und ich denke, das geht auch anderen so.«

5 SIE VERZICHTET AUF IRONIE ODER SARKASMUS.
»Na, wie Sie das wieder hingekriegt haben, verdient ja einen Sonderpreis.«; »Wenn sich alle ein Beispiel an Ihrem Arbeitstempo nehmen würden, müssten wir wohl bald die Drei-Tage-Woche einführen.« Ironie und Sarkasmus sind nicht nur in Kritikgesprächen, sondern ganz allgemein Gesprächsstörer. Sie können verletzend sein oder – was der Sache auch nicht dienlich ist – gar nicht verstanden werden.

6 SIE STÜTZT SICH AUF GEPRÜFTE SACHVERHALTE.
»Mir ist zugetragen worden, dass Sie gestern …« Antwort: »Dann wurde Ihnen etwas Falsches erzählt. Ich war dafür gar nicht zuständig.« Das ist für die kritisierende Person doppelt peinlich. Erstens wurde der Sachverhalt nicht geprüft. Zweitens fehlt offensichtlich das Wissen über betriebliche Abläufe. So etwas ist besonders blamabel für Führungskräfte.

7 SIE BAUT AUF ICH-BOTSCHAFTEN (→ Seite 76 ff.) und **VERMEIDET KILLERPHRASEN** (→ ab Seite 72 ff.).

Killerphrasen – wen töten sie eigentlich?

Im harmlosesten Fall die Reaktionsfähigkeit der Person, der sie um die Ohren gehauen werden. Doch selbst das kann bereits negative Auswirkungen auf die Kommunikation zwischen zwei Menschen haben. Die meisten ärgern sich nämlich dauerhaft, wenn sie auf diese Weise schachmatt gesetzt wurden. Je nach Situation sind die Auswirkungen von Killerphrasen sofort »mörderischer«: Sie töten unter Umständen

- die Bereitschaft, das Gespräch fortzuführen;
- die Motivation, neue Ideen zu entwickeln;
- die Möglichkeit, freundlich und sachlich zu bleiben;
- den Willen, ruhig zu bleiben oder zu werden;
- die Triebfeder, weiter die volle Arbeitsleistung einzusetzen;
- die Kaufbereitschaft (im Kundenverhältnis);
- den Wunsch nach weiterer Kommunikation mit einer Person, die oft Killerphrasen gebraucht.

Diese Aufzählung beweist: Der Begriff »Killerphrase« – mag er auch überzogen wirken – hat seine Berechtigung. Alles, was darunter fällt, vergiftet die Kommunikation und kann zum Beispiel eine neue Geschäftsverbindung verhindern. So unterschiedlich die verschiedenen »Killerphrasen-Kategorien« auch sind, eines haben sie gemeinsam: Sie können bei den Hörenden als Angriff ankommen – auf die Kompetenz, die Eigenständigkeit, die Klugheit, die Arbeitsleistung und anderes. Summa summarum also wieder als »Beschuss« des Selbstwertgefühls und als Kurzschluss im »emotionalen Kabel«. Dabei ist es sowohl von der momentanen Befindlichkeit (→ Grenzen, Seite 12 ff.) als auch vom Typ eines Menschen abhängig, wie stark sich der »Killer-Effekt« auswirkt. Ein autoritärer Typ (auch hierarchischer genannt) kann schon Rot sehen, wenn ihm ein gut gemeinter Rat erteilt wird: »Ich lege Ihnen nahe/rate Ihnen …« Oder: »Ich an Ihrer Stelle würde …«

Der Grund: Er teilt die Menschheit in zwei Kategorien ein: solche, die unter ihm, und jene, die über ihm stehen. (Dass es auch eine Gleichstellung geben könnte, zieht er gar nicht in Betracht.) Und aus diesem »Weltbild« entsteht die zwingende Schlussfolgerung: »Wer mir etwas rät, steht über mir. Denn wenn jemand einen Rat braucht, ist er in der hierarchischen Ordnung tiefer, weil abhängig.« Also empfindet er einen Ratschlag als Angriff auf seinen Status. Natürlich spielen sich solche »Abläufe« im Unbewussten ab – ebenso wie bei den gerade im Berufsleben sehr häufig gebrauchten »Sie-müssen-Killerphrasen«. Sie lösen bei den meisten Erwachsenen intuitiv Koppelungen an unliebsame Kindheitserfahrungen aus. Wie oft ein Mensch im Laufe seiner Erziehung das »du musst ...« als Ungerechtigkeit, Zwang oder Unterlegenheit empfunden hat, wissen Sie vermutlich aus eigener Erfahrung. Dazu kommt: Jedes »Muss« schränkt die Entscheidungsfreiheit ein. Darauf reagieren viele Menschen äußerst empfindlich. Hier finden Sie einige der am meisten gebrauchten »Müssen-Killerphrasen«:

- »Da müssen Sie mal da hinten im Gang neben den Putzmitteln suchen.« (nach der Kundenfrage, wo etwas zu finden ist)
- »Sie müssen mit längeren Lieferfristen rechnen.« (während einer Auftragsverhandlung)
- »Sie müssen warten, bis Frau Schulze Zeit hat.« (am Telefon oder im Geschäft zur Kundschaft)
- »Da müssen Sie es später noch mal versuchen. Herr Schröder ist in einer Besprechung.« (bei einem Anruf)
- »Das müssen Sie aus einem anderen Blickwinkel sehen.« (zu einem Teammitglied oder im Verhandlungsgespräch)
- »Sie müssen sich noch eine Weile gedulden.« (im telefonischen oder persönlichen Gespräch, wenn die gewünschte Ansprechperson nicht sofort erreichbar ist)
- »Sie müssen gefälligst mal Ihren Kopf einschalten.« (um jemanden zu einer Einsicht oder Erkenntnis zu bewegen)

TIPP

»Sie müssen schon entschuldigen, aber…«

→ Eine solche Form der Entschuldigung ist – deutlich gesagt – eine Frechheit. Sicher: Zu einem Versehen oder Fehler zu stehen, indem um Verständnis und Entschuldigung gebeten wird, ist immer angebracht. Doch dies kann nur dann einen positiven, versöhnenden Effekt haben, wenn es in angemessener Form und mit deutlich spürbarer Ehrlichkeit geschieht. Jemandem zu unterstellen, er »müsse« etwas entschuldigen, steht dieser Bedingung diametral entgegen. Außerdem hebt ein »aber« grundsätzlich das vorher Gesagte auf! Es ist oft ein »Killerwort«!

Die meisten »Sie-müssen-Killerphrasen« sind bereits durch die Verwendung eines der berühmten »Zauberwörter« bitte und danke aus der Welt zu schaffen. Zusätzlich helfen Positiv-Formulierungen:

- »Die Ware finden Sie im Gang neben den Putzmitteln. Ich komme gerade mit und zeigen Ihnen, wo sie ist.« Oder, wenn das arbeitsbedingte Abläufe nicht zulassen: »Bitte schauen Sie im Gang neben den Putzmitteln nach. Dort finden Sie die gewünschte Ware.«
- »Wir terminieren die Lieferzeit so kurz wie möglich. Spätestens in der … Kalenderwoche bekommen Sie die Ware.«
- »Bitte haben Sie einen Augenblick Geduld. Frau Schulze hat gleich Zeit für Sie.«
- »Versuchen Sie es doch bitte später noch einmal. Oder darf ich Ihnen einen Rückruf anbieten, wenn Herr Schröder wieder am Platz ist?«
- »Bitte betrachten Sie die Sache doch auch einmal aus einem anderen Blickwinkel.«
- »Ich bitte Sie (sehr), dieses Versehen zu entschuldigen.«
- »Bitte versuchen Sie, sich in meine Situation hineinzuversetzen.«
- »Beziehen Sie in Ihre Überlegungen doch bitte auch den folgenden Aspekt ein: …«

Es gibt eine berufliche Situation, die besonders »Killerphrasen-anfällig« ist: die Reklamations-Annahme. Wer auf diesem Gebiet nicht bestens geschult ist, fällt schnell einem – zwar verständlichen, jedoch völlig verkehrten – Reflex zum Opfer: der Selbstverteidigung. Und solche Fehlreaktionen können sich dann so anhören:

- »Aber das kann doch gar nicht sein!«
- »Da müssen Sie wohl mit dem Gerät was falsch gemacht haben!«
- »So etwas ist bei unseren Produkten völlig ausgeschlossen!«
- »Da sind Sie aber die erste Kundin, die so etwas behauptet!«
- »Das stimmt nicht, Herr Kaymak.«
- »Mit der Bedienungsanleitung kommt doch jeder zurecht.«
- »Ja, das behaupten Sie! Aber … «
- »Dafür kann ich doch nichts!«

Was haben alle diese – und es gibt jede Menge weitere! – Killerphrasen gemeinsam? Sie unterstellen der oder dem Reklamierenden »Sie haben selbst Schuld!«, »Sie sind unfähig!« oder gar »Sie lügen!«. Wie »tödlich« das für eine Kundenbeziehung ist, bedarf wohl keiner Erklärung. Zeigen Sie besser Verständnis für die missliche Lage, den Ärger, die zusätzliche Zeitbelastung:

+ »Ich kann Ihren Ärger gut nachvollziehen.«
+ »Ich würde mich darüber auch ärgern, wenn ich an Ihrer Stelle wäre.«
+ »Selbstverständlich leite ich Ihre Reklamation sofort an die Herstellerfirma weiter.«
+ »Ich kann gut nachempfinden, warum Sie doppelt verärgert sind: Erst der Fehler bei der Ware und dann auch noch der Zeitverlust durch den weiten Weg, den Sie auf sich nehmen mussten.«
+ »Sie haben völlig Recht: Bedienungsanleitungen sind oft schwer verständlich. Gern erkläre ich Ihnen …«
+ »Ihre Feststellung überrascht mich. Ich werde …«
+ »Ich kümmere mich sofort darum, dass Ihre Reklamation an die richtige Stelle weitergeleitet wird.«

»Ich würde sagen…« – von guten und schlechten Ich-Aussagen

Wie oft – nicht nur im Berufsleben – eine Aussage mit »Ich würde sagen…«, »Ich würde meinen…« beginnt, ist statistisch nicht belegbar. Aber die Zahl dürfte sich täglich in Millionenhöhe bewegen. Diese Formulierungen sind eng mit dem »Man-Stil« verwandt (»Man meint…«, »Man sagt…«, »Man denkt…«, »Man sollte…«), der ebenfalls überall zu hören ist. Aus psychologischer Sicht verbirgt sich dahinter der (unbewusste) Wunsch, nicht konkret Stellung zu beziehen und sich nicht festzulegen, was auch bestens funktioniert: »Aber meinten Sie nicht vorhin, dass…?« – »Aber nein, ich habe doch nur eine allgemeine Meinung wiedergegeben!« Dieser Man-Stil kann auch aus Angst entstehen, etwas Falsches zu sagen, also Ausdruck von Unsicherheit sein. Allein dies ist ein triftiger Grund, ihn sich abzugewöhnen und so viel kompetenter und selbstbewusster zu wirken. Das gilt ebenso für die »Ich-würde«-Formen, die außerdem noch diesen Haken haben: Streng genommen müssten (Bitte beachten: Dies ist ein

TIPP

»Höflichkeits-Konjunktive«

→ Floskeln wie »Ich möchte Sie bitten…«, »Ich möchte Ihnen danken…« bedeuten genau genommen, dass jemand sein Vorhaben gar nicht in die Tat umsetzt. Moderner, klarer und genauso höflich sind die Formen »Ich bitte Sie…« oder »Ich danke Ihnen (sehr herzlich) für…«. Manchmal kann ein »möchte« allerdings Formulierungen weniger hart erscheinen lassen. »Ich will, dass Sie den Gäste-Empfang optimieren!« ist weit mehr Befehlsform als: »Ich möchte, dass Sie…«

richtig angewendeter Konjunktiv, da Irrealität ausgedrückt werden soll!) alle, die einen Satz so beginnen, danach verstummen. Doch jeder »Ich-würde-sagen-Spezi« redet weiter, sagt also das, was er sagen will, statt dass er es nur gesagt hätte – und führt somit den Konjunktiv ad absurdum. Mit Aussagen wie »Ich denke…«, »Ich meine…«, »Ich sage…«, »Ich werde…« beziehen Sie nicht nur klar Stellung und zeigen so mehr Selbstsicherheit. Sie haben damit auch die optimale Grundlage, um Ich-Botschaften zu formulieren.

Der Vorteil von Ich-Botschaften

Um es vorweg klarzustellen: Eine direkte Sie-Ansprache ist mündlich wie schriftlich oft die empfehlenswerteste Lösung. »Sind Sie mit dem Ergebnis des Meetings zufrieden, Frau Meister?«; »Hoffentlich hatten Sie eine angenehme Anreise, Herr Wolters.«; »Ich freue mich sehr, dass Sie heute mein Gast sind, Herr Güldenberg.«; »Sehr geehrte Frau Rühle, Sie baten um Prospektmaterial…« Das sind nur einige Beispiele für förderliche »Sies«.

Hinderlich werden diese in »Sie-Botschaften« (so müssen die als »Du-Botschaften« bekannten Negativ-Formulierungen in Sie-Beziehungen genau genommen heißen) wie »Sie sagen immer…«, »Sie haben mich verletzt«, »Sie meinen doch wohl nicht, dass…«, »Sie sollten besser mal…«, »Warum haben Sie…?«, »Was haben Sie sich denn dabei gedacht?«, »Wieso kommen Sie erst jetzt?«. Solche Formulierungen können schnell als Angriff, Herabsetzung, Tadel, Ablehnung oder Missachtung empfunden werden. Ich-Botschaften dagegen sind konfliktmindernd und deeskalierend. Sie bestehen aus einer dreiteiligen Mitteilung, wobei die Reihenfolge variabel ist:

- welches Verhalten konkret gemeint ist,
- welches Gefühl dadurch ausgelöst wird, und zwar möglichst präzise,
- welche Auswirkungen es haben kann oder warum eine Änderung gewünscht wird (beziehungsweise ein möglicher Lösungsvorschlag).

Wie Sie eine konfliktfördernde Aussage in eine Ich-Botschaft umwandeln können, sehen Sie an diesem Beispiel:

➖ »Sie sind derartig aggressiv, dass mit Ihnen ja gar nicht mehr vernünftig zu reden ist. Werden Sie gefälligst mal wieder sachlich.« Mit ziemlicher Sicherheit wird die oder der so Angesprochene nun hochgehen wie das sprichwörtliche HB-Männchen: »Iiiich aggressiiiiv?!?!! Überhaupt nicht!!!«

➕ »Ich empfinde Ihren Ton im Augenblick als so aggressiv, dass ich mich nicht in der Lage sehe, das Gespräch ruhig und sachlich weiterzuführen. Ich schlage eine kurze Pause vor, damit wir danach in entspannter Atmosphäre weiterreden können.«

Mit einer solchen Ich-Botschaft unterstellen Sie Ihrem Gegenüber nicht, aggressiv zu sein. Es muss sich also nicht wehren. Dem »Ich empfinde ...« ist genau genommen gar nichts entgegenzusetzen, weil es »Ihre eigene Wahrheit« ist. Und selbst, wenn trotzdem ein Widerspruch wie »Dann empfinden Sie offensichtlich falsch!« kommt, wird die Situation sich entspannen. Vorausgesetzt, Sie lassen sich nicht provozieren und kontern nun nicht »Wie können Sie behaupten, dass mein Empfinden falsch ist?!?!«, sondern bleiben auf der »Ich-Linie«, zum Beispiel mit: »Dann liegt es wohl an mir, dass ich die Situation als angespannt empfinde. Also lassen Sie uns bitte für mich eine kurze Pause einlegen.«

Doch auch kürzere Formulierungen mit »ich« – sie können Ich-Aussagen genannt werden – wirken sich positiv auf die Kommunikation aus:

➕ »Ich habe mich offensichtlich gerade etwas unklar ausgedrückt.«
➖ Statt: »Sie haben mich völlig falsch verstanden!«
➕ »Ich fühle mich zurückgesetzt.«
➖ Statt: »Du bist egoistisch.«
➕ »Ich rege mich darüber auf, dass...«
➖ Statt: »Sie regen mich auf mit...«
➕ »Ich sehe die Sache von diesem Standpunkt aus...«
➖ Statt: »Das dürfen Sie nicht so sehen.«

»Muss ich mir das etwa bieten lassen?!?« – Konfliktgespräche entschärfen

Wenn Sie alle bislang erwähnten Gesprächsstörer vermeiden, werden viele Konflikte gar nicht erst auftauchen. Trotzdem gibt es selbstverständlich Situationen, in denen andere sich nicht an die Regeln halten und Sie beleidigen, zu Unrecht kritisieren oder zu provozieren versuchen. Natürlich haben Sie das Recht, sich dann zu wehren. Ja, manchmal ist es sogar geradezu Pflicht, die eigenen Grenzen aufzuzeigen, um »Dauerstress« im Arbeitsalltag zu vermeiden – und zwar rechtzeitig! Doch das oberste Gebot dabei ist: Bleiben Sie bitte gelassen, behalten Sie einen ruhigen Tonfall bei und zahlen Sie die Provokation nicht mit gleicher Münze heim. Setzen Sie am besten auch dann vorrangig auf Ich-Botschaften und -Aussagen.

- (–) Statt: »Wieso greifen Sie mich in diesem Ton an?«
- (+) »Ich fühle mich durch diesen Ton angegriffen.«
- (–) Statt: »Ihre Kritik ist völlig unqualifiziert und verletzend.«
- (+) »Ich empfinde diese Art der Darstellung als äußerst unfair und persönlich verletzend.«
- (–) Statt: »Sie beleidigen mich mit diesen Schimpfwörtern!«
- (+) »Ich finde es sehr schade, wenn Diskussionen auf diesem Niveau und mit Schimpfwörtern geführt werden. Ich halte das für unangemessen und fühle mich außerdem von solchen Ausdrücken persönlich angegriffen und beleidigt.«

Häufig können Sie Gegenfragen als eine gute Abwehrstrategie einsetzen, etwa bei Verallgemeinerungen. Beispiel:

»Sie haben ja schon wieder mal eine Arbeit nicht rechtzeitig erledigt!«

Mögliche Gegenfragen:

»Welche Arbeit meinen Sie bitte genau?«

»Was wäre Ihrer Meinung nach rechtzeitig gewesen?«

»Worauf beziehen Sie bitte das ›wieder mal‹?«

3

Bitte nicht nur die Ohren spitzen – richtiges Zuhören

»Andere im Gespräch ausreden lassen« zählt nicht nur zu den wichtigsten Höflichkeitsregeln, sondern ist auch eine unerlässliche Bedingung für richtiges Zuhören. Denn es funktioniert nur, wenn Sie vollständige Informationen erhalten. Und das wäre unmöglich, wenn anderen das Wort abgeschnitten würde. Kommunikations-Profis unterscheiden zwischen verschiedenen Intensitäts-Stufen beispielsweise von »ungenügend« bis »sehr gut« beim »richtigen« Zuhören: »Hören« als schlechteste Qualität; »Hinhören« als etwas besser, jedoch nicht ausreichend; »Zuhören« als wiederum etwas günstiger, aber immer noch nicht optimal, und »aktives Zuhören« als die beste Stufe.

Ein Alltagsbeispiel: Sibylle erzählt ihrer Kollegin Renate: »Mensch du, stell dir bloß mal vor, was der Chef mir gerade alles noch an Arbeit aufgebrummt hat. Ich soll die Präsentation am Freitag übernehmen und bis dahin auch noch die Zusammenstellung der Überstunden und Urlaubsgesuche fertig machen. Dass ich seit gestern wegen Cornelias Krankheit sowieso schon doppelt arbeiten muss, scheint er vergessen zu haben. Ich hab mich auch gar nicht getraut, was zu sagen.« Sybilles Ton klingt mutlos, ihre Körpersprache wirkt schwach, sie scheint den Tränen nah zu sein. Ihre Kollegin Renate reagiert mit:

→ **HÖREN:** »Was sagst du? Hast viel Arbeit? Schade, ich wollte nämlich eigentlich heute Nachmittag das Telefon auf dich umstellen, weil ich eher gehen will.«

→ **HINHÖREN:** »Na, hört sich wirklich nach einem strammen Programm an. Wirst wohl ohne Überstunden nicht auskommen.«

→ **ZUHÖREN MIT SPIEGELNDER RÜCKMELDUNG:** »Was? Präsentation übernehmen, Überstunden-Liste und Urlaubsgesuche fertig machen und das alles bis Freitag, wo du sowieso schon Cornelia vertreten musst?

Also, manchmal kann ich wirklich nicht nachvollziehen, was der Chef sich bei so etwas denkt. Wirst dich verdammt ranhalten müssen.«

→ AKTIVEM ZUHÖREN MIT INTERPRETIERENDER RÜCKMELDUNG: »Es hört sich für mich so an, als ob du ziemlich ratlos oder sogar mutlos bist. Du wirkst sehr bedrückt. Hast du Bedenken wegen der knappen Zeit? Oder belastet dich vielleicht die Präsentation? Ich weiß ja, dass du so was höchst ungern übernimmst. Oder hast du sogar Angst, es könnte schlimme Konsequenzen für dich haben, wenn du dem Chef sagst, dass dies alles zusammen bis Freitag nicht zu schaffen ist?«

Mit welcher Reaktion Sibylle sich am schlechtesten, weil vermutlich gar verletzt, und mit welcher sie sich am meisten wertgeschätzt fühlt, ist wohl klar. Aktives Zuhören bedeutet: Sie versetzen sich in die andere Person hinein; fühlen sich in ihre Einstellung und Sichtweise ein; hören auch »zwischen den Zeilen«, beziehen also Körpersprache sowie Stimme ein und teilen die eigene Beobachtung mit. So ermöglichen Sie es Ihrem Gegenüber, das Gespräch fortzusetzen, eventuell dabei Hilfsmöglichkeiten und Lösungen zu finden oder sich zumindest »etwas von der Seele« reden zu können.

→ GEWUSST WIE

→ Streuen Sie ab und zu kurze Äußerungen wie: »Ich verstehe«, »Ach?«, »Na, so was!« und Ähnliches ein. Mit diesen verbalen Verstärkern zeigen Sie Ihre volle Aufmerksamkeit und Ihr Gegenüber wird zum Weiterreden animiert.

→ Das gilt ebenso für kleine nonverbale Zeichen wie ein Lächeln, Hochziehen der Augenbrauen, Kopfnicken oder Kopfschütteln.

→ Doch bitte Vorsicht: Ein Kopfnicken kann als Zustimmung zum Inhalt des Gesprochenen statt als Beweis für »Ja, ich verstehe« aufgefasst werden; ein Kopfschütteln in gleicher Weise als Verneinung. Setzen Sie diese Verstärker deshalb mit Kalkül ein.

Von »richtigen« und »falschen« Ohren und Mündern

Eine riesige »Stolperfalle« beim richtigen Zuhören ist die Tatsache, dass jede verbale Botschaft mehrere Aspekte enthält, etwa: den Sach-, den Beziehungs-, den Selbstoffenbarungs- und den Appell-Aspekt.

Eine verbale Mitteilung kann unter jedem dieser Aspekte gesendet werden, also quasi aus einem der »vier Münder«. Und der »Sender« erwartet eine dementsprechende Reaktion. Wird die Botschaft jedoch im »falschen Ohr« aufgenommen, können Konflikte entstehen. Am häufigsten passiert das zwischen Frauen und Männern, jedoch ebenso von Mann zu Mann oder von Frau zu Frau. Ein Beispiel:

Die Chefin fragt ihre Mitarbeiterin aus dem »Sach-Mund«: »Wann haben Sie die Unterlagen für die Sitzung fertig?« Sie erwartet eine sachliche Antwort wie: »Spätestens morgen Früh um elf.« Die Mitarbeiterin jedoch hat auf dem »Appell-Ohr« gehört und antwortet deshalb leicht pikiert: »Ja, ja, ich beeile mich ja schon damit.« Dabei wollte die Chefin sie gar nicht antreiben. Hätte die Angestellte die Frage im »Selbstoffenbarungs-Ohr« aufgenommen, würde sie vielleicht so reagieren: »Haben Sie etwa Bedenken, dass ich die Unterlagen nicht pünktlich fertig stelle?«, und könnte beleidigt sein, weil die Chefin ihre Qualitäten unterschätzt. Wie die Reaktion ausfiele, wenn sie die Frage mit dem »Beziehungs-Ohr« gehört hätte, hängt von dem sonstigen Verhältnis der beiden ab. Spräche die Chefin etwa oft aus dem »Appell-Mund«, könnte sich die Antwort so anhören: »Bitte, Chefin, Sie setzen mich pausenlos unter Druck. Kein Mensch kann so schnell arbeiten, wie Sie das am liebsten hätten.«

Wenn Sie unsicher sind, ob Sie mit dem »richtigen Ohr«« gehört haben, fragen Sie am besten nach. So können Sie Missverständnisse verhindern. Beispiel: »Bedeutet Ihre Frage, dass ich mich mit den Unterlagen beeilen soll, oder ist es in Ordnung, wenn sie bis … fertig sind?«

Smalltalk leicht gemacht

»Smalltalk im Beruf?!? Mit solchem Gelaber mache ich mir doch mein gutes Geschäfts-Image kaputt!« Wer so denkt, interpretiert den Begriff falsch. Guter Smalltalk ist gerade im Beruf ein sehr wichtiges Kommunikationselement. Er hilft, Kontakte zu knüpfen und eine angenehme Gesprächsatmosphäre herzustellen. Das gelingt am besten, wenn Sie die folgenden Smalltalk-Leitlinien beachten:

→ Stellen Sie sich gegebenenfalls vor und verbinden Sie die Begrüßung mit einem positiven Smalltalk-Einstieg. Beispiel: »Herzlich willkommen, Frau Fehr. Ich hoffe sehr, Sie hatten keine Probleme wegen des plötzlichen Wintereinbruchs. Als ich vorhin Nachrichten hörte, habe ich sofort an Sie gedacht, weil Sie doch mit dem Auto kommen wollten.«

→ Betrachten Sie Smalltalk bitte wie ein sanftes »Pingpong-Spiel«: Sie werfen Ihrem Gegenüber die Gesprächsbälle so zu, dass sie ohne Anstrengung angenommen und zurückgespielt werden können. Monologe erfüllen diese Spielregel auf keinen Fall.

→ Beherzigen Sie im Smalltalk alles zu positiver Gesprächsführung (→ Seite 67 f.), Blickkontakt (→ Seite 84) und hören Sie bitte auch aktiv zu (→ Seite 80 ff.).

→ Wählen Sie unter Fremden unverfängliche Themen wie Literatur, Film, Kunst, Hobbys, Urlaubseindrücke oder die Veranstaltung, das Gebäude, die gemeinsame (berufliche) Situation, aktuelle Ereignisse.

→ Stellen Sie am besten offene Fragen statt geschlossener. Solche, die mit einem Verb beginnen, führen in der Regel zu knappen »Ja«- oder »Nein«-Antworten. Längere Ausführungen können Sie »herauskitzeln«, wenn Sie Fragen etwa mit »Warum ...?«, »Wieso ...?«, »Was halten Sie von ...?« oder »Wie sollten wir Ihrer Meinung nach ...?« beginnen.

→ Vermeiden Sie unter Fremden die Smalltalk-Tabuthemen Tod, Krankheit, Rassenfragen, Sex, Geld und Besitz, Religion, Politik, Kritik an Anwesenden sowie Schuldzuweisungen.

»Einen Augenblick mal, bitte« – Blickkontakt mit Augenmaß

»Ungeschriebene Gesetze« gibt es auch beim Blickkontakt. Sie besagen: Je enger Fremde zusammenrücken müssen – etwa in einem vollen Fahrstuhl –, umso weniger erwünscht ist er. In einem Gespräch hingegen würden Sie sich (zumindest in unserem Kulturkreis) Minuspunkte einhandeln, wenn Sie Ihrem Gegenüber nicht in angemessener Form in die Augen schauten. Schlimmstenfalls könnte Ihnen sogar Unehrlichkeit unterstellt werden. Als »angemessen« wird Folgendes empfunden: Während des Gesprächs unterbrechen beide den Blickkontakt abwechselnd und nehmen ihn wieder auf. Die zuhörende Person schaut dabei in der Regel die sprechende länger an als umgekehrt. Wer gerade redet und denkt, nimmt sich rein intuitiv die dazu notwendigen kleinen Unterbrechungen. Die übliche Richtung dabei ist, den Blick nach unten zu senken. Vermutlich kennen Sie diese irritierende Situation: Ihr Gegenüber löst plötzlich den Blickkontakt, indem es nach oben schaut. Unwillkürlich drängt sich dann der Verdacht auf, da oben sei etwas Ungewöhnliches. Und mit ziemlicher Sicherheit schauen Sie dann auch schnell dorthin. Diese Art des Wegschauens eignet sich allerdings dann, wenn Sie jemand mit einem extrem lange gehaltenen Blickkontakt dominieren will. Ein Verhalten, das gerade im Berufsleben öfter vorkommt, als es sollte. Würden Sie dann den Blick wie sonst üblich nach unten senken, hätte die Dominanzperson »gewonnen«, Sie wären in der »Verliererposition«.

TIPP

Blickkontakt

→ Bei der Kontaktaufnahme ist eine Dauer des Blickkontakts von etwa drei Sekunden empfehlenswert. Im Verlauf des Gesprächs werden auch länger gehaltene Blicke über zirka zehn Sekunden als positiv bewertet. Was darüber hinausgeht, kann schnell als Anstarren, zu viel Intimität oder Dominanzgehabe empfunden werden.

Stumme Signale, die Bände sprechen – Körpersprache

Bitte stellen Sie sich folgende Situation vor: Sie sind zu Ihrer Vorgesetzten gerufen worden, um ihr ein von Ihnen erarbeitetes Konzept vorzustellen. Während Sie es erläutern, sucht Ihre Vorgesetzte in irgendwelchen Papieren herum, nimmt keinen Blickkontakt mit Ihnen auf und beschäftigt sich nebenbei noch mit dem Laptop. Als Sie irritiert verstummen, sagt sie: »Ja, reden Sie nur ruhig weiter. Es interessiert mich brennend, was Sie da ausführen.« Könnten Sie das glauben? Wohl kaum. Stimmen Gesprochenes und Körpersprache nicht überein, schrillt sofort die Alarmglocke: »Vorsicht – da passt was nicht!« Bei solchen so genannten Double-Bind-Kommunikationen, auch als »inkongruente Kommunikation« bezeichnet, wird intuitiv der Körpersprache mehr geglaubt als den Worten. Ebenso unbewusst stellt sich zwischen Menschen, die sich gut verstehen, oft eine Übereinstimmung der Haltung, Gestik oder Mimik ein. Sie sind im »Rapport«, wie es in der Fachsprache heißt, bewegen und verhalten sich symmetrisch oder spiegelbildlich.

Sie können eine positive Kontaktaufnahme und -weiterführung unterstützen, indem Sie ganz bewusst Rapport herstellen. Zum einen gelingt Ihnen das mit Hilfe der Körpersprache, und zwar durch das Spiegeln von beispielsweise Haltung oder Gestik. Doch bitte Vorsicht: Wenn dieses Verhalten nicht authentisch wirkt, verkehrt sich der Effekt ins Negative, weil das Reflektieren dann als »Nachäffen« empfunden wird! Zum anderen schaffen Sie es auch durch das Angleichen von Stimmlichem wie Lautstärke und Sprechgeschwindigkeit, Rapport herzustellen.

Vorteilhafte stumme Signale können Sie bereits bei einer Begrüßung senden, wenn Sie Geschäftsgäste empfangen. Zeigen Sie Entgegenkommen – und zwar im ursprünglichen körperlichen Sinn. Beispiel im Büro: Gehen Sie einem Gast bis mindestens zur Mitte des Weges zwischen Tür und Schreibtisch entgegen, wird er das als Ausdruck Ihres Wunsches nach einer partnerschaftlichen Begegnung empfinden. Blieben Sie hingegen hinter Ihrem Schreibtisch, wäre dieses Gleichgewicht gestört. Außerdem würde dieses Verhalten unausweichlich eine weitere ungünstige körpersprachliche Aussage nach sich ziehen: einen Handschlag über das Möbelstück hinweg. Dies wäre ein deutliches Indiz für Ihr Bestreben, eine größere Distanz einzuhalten, als es hierzulande bei einer Begrüßung üblich ist. Dass solche nonverbalen Aussagen »bestens« geeignet sind, den Kurzschluss der »emotionalen Kabel« zu begünstigen, liegt auf der Hand.

Sich mit Körpersprache zu beschäftigen und dadurch sowohl förderliche Signale zu senden als auch die von anderen empfangenen richtig aufzunehmen, ist sehr empfehlenswert. Doch nur unter dieser Bedingung: Die Auseinandersetzung mit dem Thema geschieht intensiv statt à la »Blitz-Schulung« nach dem Motto: »Zeige mir, wie du sitzt, und ich sage dir, was du denkst.«

TIPP

Das »Begleit-Wertschätzungs-Signal«

→ Wollen Sie einem Gast besondere Wertschätzung zeigen, praktizieren Sie am besten das »ungeschriebene Gesetz« des Gäste-Empfangs: Je weiter Sie ihm auf Ihrem Terrain entgegenkommen, als umso wichtiger eingestuft fühlt er sich. Sie gehen ihm statt nur bis zur Mitte Ihres Büros bis zur Tür, zum Fahrstuhl auf der Etage, zum Pförtner, zum Parkplatz entgegen. Bei auswärtigen Gästen beginnt das Terrain bereits am Bahnhof oder Flugplatz. Dieses Signal der Wertschätzung wird bei der Verabschiedung übrigens genauso empfunden. Selbstverständlich können solche »Eskorte-Aufgaben« an Teammitglieder delegiert werden.

Auch die weit verbreitete Auffassung »Diese Geste bedeutet garantiert, dass …« ist gefährlich, weil solche Interpretationen meistens zu Fehldeutungen führen. Ein Beispiel: Verschränkt jemand die Arme vor dem Körper, wird das oft als untrügliches Zeichen dafür bewertet, dass er sich vor seinem Gegenüber verschließt. Doch diese Auslegung kann völlig falsch sein. Möglichweise soll die Geste lediglich etwas die Bequemlichkeit fördern oder die entsprechende Person möchte sich ein bisschen Wärme verschaffen, weil sie friert.

Ein Platz an der Sonne – Spielräume und Raumspiele

Auch Sitzpositionen können Auswirkungen auf die Kommunikation haben. Würden Sie zum Beispiel bei einer Geschäftsverhandlung Ihrem »Kontrahenten« einen Platz anbieten, auf dem ihn die Sonne blendet, wäre das äußerst unfair. Ist die Mimik anderer im Gespräch nicht zu sehen, wird das – zu Recht – als Nachteil empfunden. Dieser Effekt tritt übrigens bereits unabhängig von Sonneneinwirkung durch eine Sitzverteilung ein, bei der Sie sich mit dem Rücken zum Fenster positionieren und Ihrem Gast den Platz gegenüber anbieten. Apropos gegenüber: Dieses Arrangement ist das konfrontationsförderndste, zum Beispiel auch am Schreibtisch.

Günstiger ist eine Über-Eck-Position. Optimal ist natürlich ein runder Besprechungstisch, den es teilweise inzwischen auch als Anbauteil an einen Schreibtisch gibt. Wobei die separate Besprechungsecke beziehungsweise ein extra Raum nach wie vor das Nonplusultra ist.

Empfangen Sie eine Geschäftsdelegation mit Personen unterschiedlicher Rangstufen, gilt wie bei einer Tischordnung beim Essen (→ Seite 110): Die wichtigsten Personen werden zur oder zum Einladenden gesetzt. Und bitte denken Sie immer daran, Kommenden die Plätze anzubieten. Ein höflicher (Geschäfts-)Gast weiß, dass er sich erst dann hinsetzen soll, wenn Sie ihm dafür grünes Licht gegeben haben.

Zu großer Form auflaufen – Präsentationen und Vorträge

Das A und O für perfektes Auftreten, zum Beispiel bei Vorträgen, ist die gute Vorbereitung. Mit diesen Fragen, die Sie sich vorab beantworten sollten, stellen Sie sicher, dass Sie an alles gedacht haben:

1. »Für welchen Personenkreis werde ich aus welchem Anlass über was reden?« Das hilft Ihnen, den richtigen Sprachstil zu finden.
2. »Welche Art der Veranstaltung soll es sein? Gesprächsrunde, Präsentation, Vortrag, Diskussion?« Danach suchen Sie zum Beispiel eventuelle technische Hilfsmittel und die Bestuhlung des Raumes aus.
3. »Wie viel Zeit steht mir für meine Ausführungen zur Verfügung?« Darauf bauen Sie die Inhalte auf.
4. »Wie viele Hilfskräfte werde ich zur Organisation und zur Durchführung der Veranstaltung haben?« Die Faustregel: Je mehr Sie auf sich allein gestellt sind, desto wichtiger wird es, dass Sie sich optimal vorbereiten und frühzeitig vor Beginn der Veranstaltung vor Ort sind.

Haben Sie Ihre Vorbereitung gut abgeschlossen? Dann können Sie mit weiteren Form-Details Ihrem Auftritt die Krone aufsetzen:

- → Überlegen Sie ebenfalls vor Ihrem »Auftritt«, welche Kleidung Sie wählen (→ Kleidungsimage, Seite 20). Wie bei einer Begrüßung oder Verabschiedung gilt für offizielle Situationen – zu denen zum Beispiel Vorträge und Präsentationen zählen –, dass zur empfehlenswerten Selbstdarstellung ein geschlossenes Jackett gehört, Kostüm- beziehungsweise Hosenanzugjacken bei Frauen eingeschlossen. Entscheiden Sie sich deshalb am besten für ein Outfit, in dem Sie auch bei geschlossener Jacke angenehme Bewegungsfreiheit haben.
- → Seien Sie früh genug im Raum, damit Sie alle Details wie technisches Equipment in Ruhe prüfen können.
- → Werden Sie von jemandem dem Publikum vorgestellt, flechten Sie freundlicherweise zu Beginn Ihrer Rede einen Dank an diese Person

ein. Beschränken Sie sich bei einer eventuell notwendigen Selbstvorstellung bitte nicht auf Ihren Namen, sondern erklären Sie die Funktion, in der Sie das Wort an die Anwesenden richten.

→ Müssen Sie aus bestimmten Gründen an einem Rednerpult sprechen? Dann zeigen Sie sich am besten bei den ersten Sätzen als »ganzer« Mensch, ehe Sie dahinter verschwinden. Die »alte Generation« solcher Kolosse verhindert, dass Sie mit Hilfe Ihrer Körpersprache schneller und besser Kontakt zu den Zuhörenden aufbauen können. Organisieren Sie sich lieber ein modernes, kleines und durchsichtiges Rednerpult oder reden Sie ganz frei. In großen Räumen ist es sowieso schon eine enorme Aufgabe, die weit hinten Sitzenden zu fesseln (→ öffentliche Distanz, Seite 11). Dabei hilft Ihnen dies: Lassen Sie Ihren Blick immer wieder ganz gezielt über die letzten Reihen streifen. Gehen Sie eventuell verbal auf »die Hinteren« ein, etwa mit der Frage, ob Sie auch dort gut zu verstehen sind.

→ Vermeiden Sie bitte dieses »Körpersprache-Fettnäpfchen«: den Anwesenden Ihren Rücken zuzudrehen. Immer wieder zu beobachten, wenn technische Hilfsmittel wie ein Overhead-Projektor eingesetzt werden! Und: Halten Sie Ihrem Abschluss-Applaus stand. Wer hastig seine Unterlagen zusammenrafft und sich während des Beifalls mit gesenktem Blick »verkrümelt«, vergisst: Der letzte Eindruck ist so wichtig wie der erste. Zwischen ihnen wird ein Vergleichsbogen geschlagen. Nur wenn sich die (unbewussten) Wahrnehmungen zu einer Person dabei entsprechen, wird sie als stimmig und authentisch in Erinnerung behalten.

»Vor allen Dingen **vergesse** man nie, daß die Leute **unterhalten**, **amüsiert** sein wollen ...«

[Adolph Freiherr Knigge | *deutscher Schriftsteller*]

3

Mit und ohne Strippe – Höflichkeit bei Telefon & Co.

Das Mini-Quiz für Ihren persönlichen Schnell-Check zu den Themen Melden, Weitervermitteln, Anrufbeantworter/Mailbox und Handy:

1 Eine moderne Art des Meldens am Telefon ist wie bei der Selbstvorstellung die »Ich-bin-Version«. ❑ richtig ❑ falsch

2 Da die Zeit und das Geld der Anrufenden gespart werden sollen, ist es am besten, sich beim Weitervermitteln auf ein knappes »Ich verbinde« zu beschränken. ❑ richtig ❑ falsch

3 Bei geschäftlichen Voicemail-Systems ist es höflich, einen Rückruf anzubieten. ❑ richtig ❑ falsch

4 Es ist nicht empfehlenswert, am Telefon noch einmal nach dem Namen zu fragen, wenn er nicht richtig verstanden wurde. ❑ richtig ❑ falsch

5 In Besprechungen und Meetings ist es gang und gäbe, dass jeder sein Handy angeschaltet lässt. Schließlich muss die ständige Erreichbarkeit gewährleistet sein. ❑ richtig ❑ falsch

6 Kleine verbale Verstärker wie »Ja«, »Hmm«, »Ich verstehe« sind bei einem Telefonat mindestens so wichtig wie im persönlichen Gespräch. ❑ richtig ❑ falsch

Haben Sie etwas Zeit, die Antworten herauszufinden? Dann lesen Sie bitte das folgende Kapitel. Möchten Sie das Ergebnis lieber auf einen Blick? Dann schauen Sie einfach auf Seite 125 nach.

Kurz und knapp oder »Bandwurm-Singsang«? – sich melden im Beruf

»Einen wunderschönen guten Morgen und ein herzliches Willkommen in der Klingmeier AG in Hintertupfing. Sie sind verbunden mit der Versandabteilung und sprechen mit Sophie Müller-Hagendorn am Apparat von Berthold-Bertram Assmannshausen. Was kann ich denn bitte für Sie tun?«

»Sich beim nächsten Mal viel kürzer melden!«, würden so manche wohl am liebsten darauf antworten. Das ist verständlich, denn schließlich kosten »Bandwurm-Meldungen« die Zeit – und das Geld! – der Anrufenden. Mögen solche Ansagen auch gut gemeint und scheinbar höflich sein: Sie sind keinesfalls ratsam. Und das nicht nur wegen der Länge. Oft werden solche Sätze entweder heruntergeleiert oder in einem einstudierten, äußerst merkwürdig anmutenden Ton »heruntergesungen«. Gute Kundenpflege ist unbestritten wichtig. Doch die können Sie auch mit kürzeren Telefonmeldungen praktizieren. Die Grundbestandteile dafür sind: Tagesgruß, Firmenname, Ihr Vor- und Zuname. Wurde bei einem weitervermittelten Gespräch der Firmenname bereits genannt, können Sie ihn ohne Fauxpas-Gefahr weglassen. Ob Sie den Gruß an den Anfang oder ans Ende setzen, ist gleichermaßen höflich. Lassen Sie sich am besten von einem rein praktischen Detail leiten: In der Regel wird – mindestens – die erste Silbe nicht verstanden. Deshalb kann es besser sein, den Tagesgruß voranzustellen.

TIPP

»Ich-bin-Version«

→ Diese Form ist wie bei der Selbstvorstellung auch am Telefon die modernste Variante: »Guten Tag, Redaktion Aktuell, ich bin Inge Schneider.« Das wirkt selbstbewusster als die beruflich weit verbreitete »Sie-sprechen-mit«-Formulierung und ist zudem kürzer.

»Ich leg Sie mal gerade um« – Mordandrohung am Telefon?

Aus dem Berufsleben gegriffen: Frau Aust hat den Kundendienst einer Firma angerufen und ihr Anliegen erläutert. »Augenblick, ich verbinde.« Dudelidu-Dudelidei. »Ja, bitte?« Sie erzählt von vorn. »Da sind Sie bei mir aber an der ganz falschen Adresse. Moment bitte. Ich leg Sie mal gerade um.« Dudelidu. Dritter Anlauf. Noch einmal das Anliegen erklärt. »Aber dafür bin ich gar nicht zuständig. Ich verbinde Sie mal weiter.« Dudelidei. Ärgerlich startet Frau Aust ihren vierten Versuch, der mit der deutlich ungehaltenen Frage endet: »Bin ich bei Ihnen nun endlich an der richtigen Stelle?!?« – »Nein. Das ist Sache von Frau Bertram. Zu der kann ich aber von hier nicht durchstellen. Ich gebe Ihnen mal die Zentrale.« Dudel… »Hier ist die Firma Unsortiert, Zentrale, herzlich willkommen. Wie kann ich Ihnen helfen?« Wenn Frau Aust jetzt platzen würde, hätten Sie sicher großes Verständnis für sie, nicht wahr?

Außerdem wissen Sie sowieso, wie Sie beim Weiterverbinden durch freundliches Verhalten gute Kundenpflege praktizieren:

- Sie lassen Anrufende nicht im Unklaren, an wen Sie das Gespräch weitergeben. Freundlicherweise nennen Sie Namen, gegebenenfalls auch den Grund, warum Sie das Telefonat gerade an diese Person vermitteln: »Ich verbinde Sie mit meiner Kollegin Anita Schönhuber. Sie hat sich mit Ihren Unterlagen beschäftigt (ist für Ihr Anliegen zuständig; ist Ihre kompetente Ansprechpartnerin).«
- Können Sie erkennen, dass die oder der Gewünschte gerade telefoniert beziehungsweise wissen Sie, dass jemand nicht am Platz ist, versuchen Sie ein Weiterverbinden erst gar nicht.
- In einem solchen Fall bieten Sie entweder die Vermittlung an eine kompetente Vertretung oder einen Rückruf an: »Ich sehe gerade, dass Herr Teubner telefoniert. Darf ich Sie mit seinem Kollegen, Stefan

Schmidt, verbinden oder ist Ihnen ein Rückruf von Herrn Teubner etwas später lieber?«

- Selbstverständlich sorgen Sie dafür, dass ein angebotener Rückruf nie vergessen wird!
- Sollte es trotz aller Umsicht doch einmal eine Panne bei der Weitervermittlung gegeben haben, entschuldigen Sie sich dafür.
- Sie hören sich sehr kritisch an, was die Warteschleife »tönend« füllt. Die seit einigen Jahren verstärkt auftretende Nutzung dieser Zeit für Werbebotschaften ist längst nicht jedermanns und -fraus Geschmack. Gleiches gilt für eintönige, piepsige, zu laute und aufdringliche Musik. Und auch Gags, etwa ein komödiantischer Steuersong bei einer Steuerberatungsgesellschaft, können je nach Klientel danebengehen.
- Ganz gleich, ob bei der Gesprächsannahme oder beim Anrufen, generell gilt: Lächeln Sie bitte beim Telefonieren. Das »hört« der Mensch am anderen Ende. Die Stimme bekommt einen angenehmeren Klang, wenn Sie während des Redens lächeln. Kleiner Tipp: Zur Erinnerung können Sie einen Smiley auf oder neben das Telefon platzieren.

»Bitte sprechen Sie nach dem Piep« – elektronische Barrieren

Ob Mobilbox, Anrufbeantworter, Voicemail-System oder Mailbox genannt, eines eint diese »Anruf-Verhüter-Systeme«: Es gibt immer noch viele Menschen, die es wenig »prickelnd« finden, ihr Anliegen darauf zu sprechen. Besonders hemmend wirkt es sich aus, wenn eine blechern tönende Stimme lediglich mitteilt: »Zur Zeit ist niemand erreichbar. Sie können jedoch eine Nachricht hinterlassen.«

Na, fein. Und bei wem kommt diese Nachricht dann an? Was, wenn aus Versehen eine falsche Nummer gewählt wurde und die auf Band gesprochene Information an die völlig verkehrten Ohren gelangt? Derartige Irritationen ersparen Sie Ihrer Kundschaft besser. Außerdem wirkt

TIPP

Imageverlust

→ Wer montags gegen 12:00 Uhr anruft und die Ansage hört: »Leider erreichen Sie uns außerhalb der Geschäftszeiten. Diese sind montags bis freitags von 9:00 bis 18:30 Uhr«, wird sich fragen, wie viel Zuverlässigkeit er hier wohl erwarten darf.

eine solche Ansage ebenso unprofessionell – der Ausdruck »Piepton« ist es übrigens auch – wie mehr oder minder krampfhaft Witziges. Das sollten besonders diejenigen bedenken, bei denen sowohl private als auch geschäftliche Anrufe auf derselben Nummer ankommen. Dann ist auch eine lockere Du-Formulierung unangebracht. Für geschäftliche Ansagetexte gilt erstens das Gleiche wie für die persönliche Gesprächsannahme: In der Kürze liegt die Würze – auch beim Anhören dieser Mitteilungen investieren Anrufende Zeit und Geld. Zweitens sollten die Grundbestandteile zur eindeutigen und schnellen Identifizierung vorhanden sein. »Hier ist der Anschluss 987654321« erfüllt diese Bedingung nicht. Außerdem fehlen dabei Höflichkeitsformen, die im Geschäftsleben dazugehören: Tagesgruß, Namen, Rückrufangebot, Dank für den Anruf. Weitere Hinweise, die im Berufsalltag sehr hilfreich sein können: die Angabe einer Handy-Nummer – bitte langsam sprechen, eventuell wiederholen – und der Geschäftszeiten.

»Das Handliche« – zwischen Erreichbarkeit und Nervensäge

Eine Konferenz mit zehn Teilnehmenden – ein Handy bimmelt in irgendeiner Tasche. Mindestens sieben der Anwesenden fangen an zu kramen, ob es wohl das ihre ist. Dies ist eine vergangene Szene – zum Glück. Es hat sich durchgesetzt, dass in Meetings und Verhandlungen auf Telefonate wenn eben möglich verzichtet wird. Eine Ausnahme: Sollte ein Anruf für den Gesprächsverlauf nötig sein – etwa erforderliche Informationen –, wird das vorher abgesprochen und eine Sonderregelung getroffen. Doch selbst dann zeigen Sie sich höflich, wenn Sie mit Hilfe entsprechender Technik wie Vibrationsalarm Lärmbelästigung vermeiden. Schließlich ist sie einer der großen »Handy-Verdruss-Auslöser«. Als zweites Ärgernis wird das aufgezwungene Mithören von Gesprächen wildfremder Leute empfunden. Deshalb lautet die Grundregel zum höflichen Umgang mit dem Handy in der Öffentlichkeit: Überall dort, wo es die Ruhe und Entspannung oder die Konzentration anderer beeinträchtigen könnte, wird auf das Telefonieren verzichtet. Das gilt geschäftlich wie privat.

Ihre Rücksichtnahme und Wertschätzung zeigen Sie Ihren Mitmenschen durch diesen Umgang mit dem Handy:

- Sicherheitstabus wie im Flugzeug oder Krankenhaus respektieren Sie selbstverständlich wie jede mit einem Verbotsschild gekennzeichnete Zone und schalten Ihr Handy dort aus.
- Ebenso berücksichtigen Sie Höflichkeits-Tabus: Bei Trauerfeiern und Beerdigungen, bei Krankenbesuchen, in Gotteshäusern jeder Konfession oder beim Vorstellungsgespräch tragen Sie Ihr Handy darüber hinaus nicht einmal sichtbar mit sich.
- Sie beweisen Fingerspitzengefühl, indem Sie Ihr Handy stumm schalten und zum Telefonieren eine Pause abwarten oder den Raum verlassen, in Situationen wie diesen: mit Verbotsschildern gekennzeichnete Restaurants, handyfreie Zonen im Zug, Speisewagen, Theater, Konzert, Kino, Bibliothek, Museum, Feierstunde, Festakt, festliches Dinner, Seminar, Vortrag, Vorlesung, Kundengespräch, Wartezimmer in der Arztpraxis, Busreise und mehr.
- Bei gesellschaftlichen Anlässen wie einem Empfang, Restaurantbesuch, einer Cocktailparty und Ähnlichem schalten Sie Ihr Handy ebenfalls stumm. Sollte ein Telefonat unverzichtbar sein (was Sie allerdings genau prüfen und realistisch einschätzen), halten Sie genügend Abstand zu anderen Anwesenden ein. An eine Entschuldigung für das Sich-Entfernen denken Sie dann natürlich.

TIPP

Handy-Image

→ Wenn Sie Ihr Handy beruflich brauchen, denken Sie bitte hieran: Es ist ein Teil Ihres Images. Zum einen durch sein Aussehen und seine »Stimme«. Die »coolen« oder witzigen Klingeltöne, die im Kreis von Teenagern vielleicht Bewunderung auslösen, können ein geschäftliches Renommee schnell lädieren. Zum anderen werden aus einem mehr oder weniger rücksichtsvollen Umgang mit dem »Tragbaren« schnell Rückschlüsse auf das allgemeine taktvolle Verhalten den Mitmenschen gegenüber gezogen.

→ Auch in Situationen des öffentlichen Lebens vermeiden Sie die Belästigung anderer durch zu laute »Klingel-Dudel-wie-auch-immer-Töne« und zu viel Nähe, beispielsweise in Geschäften, in öffentlichen Verkehrsmitteln oder in Hotelhallen (sofern dort nicht sowieso verboten).

→ Sie legen während eines Gesprächs Ihr Handy nicht auf den (Schreib-) Tisch und unterbrechen schon gar nicht den Blickkontakt. Etwa, um eine eingehende SMS zu lesen. Sie wissen, dass solche nonverbalen Signale die Kommunikation empfindlich stören können, weil sie Ihrem Gegenüber das Gefühl vermitteln: Ich bin unwichtiger als die SMS. Das erfreut niemanden!

So bitte nicht – die häufigsten Telefon-Fettnäpfchen

Ob Telefon oder Handy – es gibt einige Fettnäpfchen, die bei einem höflichen Miteinander besser vermieden werden:

→ Sich melden mit »Sie sprechen mit Herrn Mäcker« oder »Sie sind verbunden mit Frau Althaus«. Wie bei der Selbstvorstellung (→ Seite 33) gilt der Zusatz »Herr« als stillos, »Frau« als völlig überholt.

→ Bei Geschäftstelefonaten gar nicht oder ungenügend vorbereitet sein, zum Beispiel notwendige Unterlagen nicht parat haben, bevor zum Hörer gegriffen wird.

- Es zu lange klingeln lassen oder zu schnell abheben. Der günstigste Zeitpunkt: nach dem zweiten bis dritten Klingeln.
- Bei eingehenden Anrufen kein Papier und Schreibgerät für Telefonnotizen zur Hand haben. Schreiben Sie als Erstes am besten immer den Namen mit.
- Den Namen der anrufenden Person gar nicht oder falsch gebrauchen. Besser: Wenn Sie ihn nicht verstanden haben, nachfragen. Nur bitte nicht mit dem viel verwendeten Satz: »Wie war doch gleich noch Ihr Name?« Der Name war es nicht, er ist es noch! Ebenfalls schlecht: »Können Sie mir Ihren Namen buchstabieren?« Wer wird denn einem Menschen unterstellen wollen, dass er dafür zu dumm ist? Besser: »Buchstabieren Sie doch bitte Ihren Namen, ich habe ihn nicht richtig verstanden.« Oder: »Wie schreibe ich bitte Ihren Namen richtig?«
- Während eines Telefonats auf laut stellen und andere mithören lassen, ohne die anrufende Person zu informieren beziehungsweise um Erlaubnis zu bitten.
- Nebentätigkeiten beim Telefonieren ausführen wie in Unterlagen blättern, am PC weiterarbeiten, essen, trinken, rauchen.
- Zu schnell, zu undeutlich, zu laut oder zu leise sprechen.
- Kleine verbale Verstärker vergessen (→ Aktives Zuhören, Seite 80 f.), die wegen der fehlenden Körpersprache sehr wichtig sind.
- Unqualifizierte Auskünfte über nicht Erreichbare geben: »Susi ist gerade auf dem Klo.«; »Herr Herrmann macht heute blau.«; »Frau Niedernkamp ist gerade einkaufen gegangen.«
- Unprofessionell weiterverbinden (→ Seite 92 f.). Killerphrasen (→ Seite 72 ff.) gebrauchen. Angebotene Rückrufe vergessen.
- Zum Abschluss eines Gesprächs die höfliche Verabschiedung vernachlässigen und den Hörer zu schnell aufknallen. Besser: Umreißen Sie kurz das Ergebnis beziehungsweise die Kernvereinbarung des Telefonats. Danken Sie für den Anruf und wählen Sie die passende Abschiedsformel »Auf Wiederhören« oder ein »Tschüss«.

3

CI + CD = Corporate Korrespondenz? schön wär's!

Das Mini-Quiz für Ihren persönlichen Schnell-Check zu den Themen moderne Adressen, Anreden, Grüße und verstaubte Formulierungen:

1 »An die…«, »An den…«, »An das…« können Sie in einer Anschrift getrost weglassen. Diese Zusätze gelten als antiquiert und überflüssig. ❏ richtig ❏ falsch

2 In einer Adresse an ein Paar muss als Erster der Mann angeschrieben werden. ❏ richtig ❏ falsch

3 »Guten Tag, sehr geehrte Frau Muster« ist eine moderne Briefanrede, die sich allerdings ausschließlich in sehr unkonventionellem Umfeld eignet. ❏ richtig ❏ falsch

4 Briefanfänge wie: »Anliegend sende ich…« oder »Beigefügt erhalten Sie…« passen nicht zu einem modernen Briefstil. ❏ richtig ❏ falsch

5 »Mit freundlichem Gruß« oder »Mit freundlichen Grüßen« sind in Geschäftsbriefen die einzigen empfehlenswerten Abschlussformen. ❏ richtig ❏ falsch

6 Die Abkürzung »MfG« hat sich aus Zeitersparnisgründen so durchgesetzt, dass sie inzwischen als höflich gilt. ❏ richtig ❏ falsch

Haben Sie etwas Zeit, die Antworten herauszufinden? Dann lesen Sie bitte das folgende Kapitel. Möchten Sie das Ergebnis lieber auf einen Blick? Dann schauen Sie einfach auf Seite 125 nach.

Altmodische Adressen – Überflüssiges im Überfluss

»An die Firma XY KG, z. Hd. Herrn Abteilungsleiter Schulze«. Haben Sie beim Lesen dieser Anschrift vielleicht gerade gestutzt, weil Sie meinen: »Ja, aber solche Adressen sind doch völlig ›normal‹, täglich hundertfach oder noch öfter zu lesen bei der Geschäftspost!«? Das ist zwar richtig. Modern und empfehlenswert wird eine solche Anschrift dadurch allerdings noch lange nicht.

- »Firma« ist dann unnötig, wenn der Geschäftsname eine Verwechslung mit einer Privatperson ausschließt. Das ist somit automatisch bei allen Rechtsformen wie KG, AG, GmbH und weiteren der Fall. Ebenso, wenn Bezeichnungen wie »Frisuren und Beautyteam Gaby Kiebitz« oder »Fachbuchhandlung Gerhard Stolte« den Namen ergänzen.
- »An die …«, »An den …«, »An das …« gelten als überflüssige und antiquierte Zusätze. Und zwar sowohl bei Personen als auch bei Institutionen, Firmen, Verbänden und Ähnlichem. Modern ist somit beispielsweise »Institut für …« statt »An das Institut für …«; »Präsidenten der Industrie- und Handelskammer, Herrn Dr. Hermann Sommer« statt »An den Präsidenten …«
- »z. Hd.« oder »z. H.« (»z. Hdn.« ist sowieso falsch abgekürzt) kann getrost fehlen. Erstens, weil es nicht, wie fälschlicherweise oft angenommen, die Sicherheit für Folgendes bietet: Nur die so angeschriebene Person dürfe den Brief öffnen. Dies garantiert lediglich der Zusatz »persönlich«. Zweitens ist es doch wohl selbstverständlich, dass ein Brief nicht zu Füßen gelegt, sondern in die Hand gedrückt werden soll.
- Berufsbezeichnungen wie »Abteilungsleiter« werden schon seit langem nicht mehr gebraucht – weder bei der Anrede (→ Seite 40 ff.) noch in Anschriften. Ebenso antiquiert ist die Nennung allein des Nachnamens. Auch in eine zeitgemäße Geschäftsadresse gehören Vor- und Zuname der angeschriebenen Person.

TIPP

Vornamen

→ Kennen Sie nur von einer Person den Vornamen, ist es am besten, den der anderen zu erfragen. Mitarbeitende geben darüber sicher gern Auskunft. Die im ungünstigsten Fall mögliche »gerechte« Version: »Frau und Herrn Peitz« bleibt eine unperfekte Notlösung.

Die moderne Version der Beispieladresse sieht demnach so aus: XY KG, Herrn Thomas Schulte (Straße, Ort).

Wenn Sie den Namen der Person vor den der Firma setzen, garantiert diese Reihenfolge nicht, dass niemand anders den Brief öffnen darf (→ auch »z. Hd.«, Seite 99). Es ist lediglich ein »Höflichkeits-Recht«, das allerdings in vielen Firmen eingehalten wird.

Für moderne Anschriften an ein Paar – beispielsweise für Geschäftseinladungen – gelten folgende Empfehlungen:

- Beide Personen werden mit Vor- und Zunamen angeschrieben. Also bitte nicht »Herrn Jochen Klein und Frau« (»und Gattin«, »und Gemahlin« ist noch überholter). Moderne Frauen sind nicht begeistert davon, wenn sie zu namenlosen Anhängseln degradiert werden. Noch schlimmer: »Frau Ottmar Altmann«, wobei sie auch noch den Vornamen des Mannes übergestülpt bekommt.
- Die Reihenfolge ist variabel. Im internationalen Schriftverkehr ist es weit verbreitet, den Mann an erster Stelle zu nennen. In Deutschland gilt es aber als höflich, den Namen der Frau voranzustellen. Beispiele: »Frau Sophie Kunzi (und) Herrn Hugo Kunzi«. Ob Sie ein »und« dazwischensetzen, ist reine Geschmackssache und hat nichts mit Höflichkeit zu tun. »Herrn und Frau Hugo und Sophie Kunzi«. Doppelnamen und akademische Grade (→ Seite 40 ff.) sollen dabei komplett erscheinen. In solchen Fällen ist es am besten, die getrennte Schreibweise zu wählen: »Frau Dr. Gabriele Holly-Brauns, Herrn Andreas Brauns«. Führt ein Paar, auch ein gleichgeschlechtliches, keinen gemeinsamen Familiennamen, ist die getrennte Form notwendig: »Frau Professorin Dr. Ulrike Menke, Frau Dr. Tina Santorius«, »Herrn Dr. Olaf Behrends, Herrn Dr. Frank Schlosser«.

Von anliegenden Menschen und Altertümern – Amtsschimmeldeutsch

»Werte Frau Siebenhühner, anliegend sende ich Ihnen das angeforderte Prospektmaterial. Beigefügt erhalten Sie auch eine vorbereitete Rückantwortkarte, mittels der Sie schnell und bequem bestellen können. Bezug nehmend auf unser Telefonat füge ich ebenfalls die Novitäten-Vorschau hinzu. Darin lesen Sie unten stehend die genauen Erscheinungstermine. Ebenso finden Sie in der Anlage die Preisliste …«

Das ist natürlich Amtsschimmeldeutsch in geballter Ladung. Doch ein bis zwei Sätze daraus sehen Sie in vielen Geschäftsbriefen, was bereits den Anspruch auf einen modernen Briefstil zunichte macht. Das gilt ebenso für veraltete Anreden.

- »Werter Kunde«, »Verehrtester Herr …« oder »Sehr verehrte gnädige Frau …« passen nicht zu einem zeitgemäßen Geschäftsbrief. Wer die Formen »Sehr verehrte Frau …«, »Sehr verehrter Herr« wählt, sollte wissen, dass er sich damit ein äußerst konservatives Image schafft.
- Die »Sehr geehrte/r …«-Form ist bei beruflichen Schreiben die Standardversion – zwar nicht die modernste, jedoch richtig für alle, die konventionell erscheinen möchten.
- In Kombination mit einem Tagesgruß wirkt diese Version aktueller: »Guten Tag, sehr geehrte/r …« und eignet sich trotzdem auch in konservativen Berufen.
- Eine weitere Möglichkeit, der »Sehr geehrte/r …«-Form ein neues Gesicht zu geben, ist diese: Binden Sie die Anrede in den Einstiegssatz Ihres Schreibens ein. Er wird dann zum »Dreizeiler«, der sich mit jeweils Leerzeilen dazwischen über Betreff-, Anrede- und Briefanfangszeile verteilt:
  »Wir laden Sie herzlich ein,
  sehr geehrte Frau Szolnoki,
  mit uns den ersten Jahrestag unserer Geschäftseröffnung zu feiern.«

- Einen solchen empfehlenswerten »Dreizeiler-Einstieg« können Sie natürlich auch mit der »Liebe/r …«-Anrede verwenden. Sie setzt allerdings eine vertraute Verbindung voraus.
- Kombinationen mit Tagesgruß und Namen wie »Guten Morgen, Frau/Herr Wutz«, »Grüß Gott, Herr Falk«, »Hallo, Frau Celik« sollten mit Blick auf das gewünschte Firmen-Image gewählt werden. Zu konservativen Berufszweigen passen sie nicht vorbehaltlos. Die Ausnahme: Für Jugendliche eignen sich »Hallo, Ina (Meier)«, »Guten Morgen, Jens Reger« in jeder Branche.

Weiter geht es dann meist mit den vertrauten Üblichkeits-Phrasen. »Anliegend sende ich …« bedeutet, genau gelesen, dass die absendende Person dem Schreiben »anliegt«. Aber wer will sich schon freiwillig in den Umschlag quetschen und mitschicken lassen? »Beigefügt erhalten Sie …« zwingt ebenfalls einen Menschen in die unbequeme Lage – nun allerdings die Empfangsperson. Zum Glück wird diese mit »unten stehend lesen Sie« daraus befreit, weil sie sich nun dank dieser Formulierung überlegen kann, ob sie etwa am Fuße der Treppe weiterlesen will. Tut sie es kritisch, wird sie sich fragen, wo sie denn die Preisliste suchen soll. Ist sie im nächstgelegenen Park zu finden? Wenn überhaupt, wäre die passende Ausdrucksform: »*Als* Anlage finden Sie …« Doch selbst das ist nicht gerade ein kreativer Geschäftsbriefstil. Dies gilt ebenso für weitere »Bürokraten-Wörter« wie bezüglich, Bezug nehmend auf, zwecks, mittels, betreffs, diesbezüglich, unsererseits, Ihrerseits, aufgrund, Vorgenanntes, in obiger Sache.

Auch »Doppeldecker« – Pleonasmen – verbessern einen Briefstil nicht. Die auffälligen wie »weißer Schimmel« oder »alter Greis« lassen sich schnell erkennen. Doch es gibt jede Menge weniger offensichtliche, wie Einzelindividuum, auseinanderdividieren, neu renovieren, Rückantwort, hinzuaddieren, hinzufügen. Wenn Sie solche Gedankenlosigkeiten bei Ihrer Geschäftspost vermeiden, werden Sie sich positiv aus der Masse herausheben.

So könnte die moderne Übersetzung des Beispiels auf Seite 101 aussehen: »Vielen Dank, sehr geehrte Frau Siebenhühner, für Ihr Interesse an unseren Produkten. Hier ist das von Ihnen gewünschte Prospektmaterial. Wie telefonisch besprochen, schicke ich Ihnen auch die Preisliste sowie die Novitäten-Vorschau mit. Sie enthält unter anderem die genauen Erscheinungstermine …«

MfG – nicht mal mehr in den Charts ein Hit

Wer sich nicht einmal die paar Sekunden Zeit nimmt, »Mit freundlichem Gruß (freundlichen Grüßen)« auszuschreiben, führt die Aussage ad absurdum. Wirklich freundliche und höfliche Menschen vermeiden nicht nur diese, sondern auch andere Abkürzungen. Sie verbessern einen Text keineswegs und können sogar miss- oder unverständlich sein. Die Ausnahme: so genannte Initialwörter wie UNICEF oder allgemein bekannte, buchstäblich gesprochene Abkürzungen wie ARD. Wer hätte schon Lust auf den Bandwurm »Arbeitsgemeinschaft der öffentlich-rechtlichen Rundfunkanstalten der Bundesrepublik Deutschland«? Apropos Bandwurm: Ellenlange Abschluss-Sätze, die mit einer Grußformel verknüpft werden, sind out. Ebenso »ergebenst« zu grüßen, »zu verbleiben« oder »bestens dankend Ihrem geschätzten Auftrag entgegensehend« einen Brief zu beenden. Zeitgemäßer und frischer wirkt es so:

- Sie verknüpfen die Grüße nicht mit dem letzten Satz, sondern lassen die Schlussformel für sich stehen.
- Sie variieren die Standard-Grußformel »Mit freundlichem Gruß«, wenn Sie ein modernes Image wünschen. Beispiele:
    - Für heute grüßt Sie (freundlich, herzlich) …
    - Mit freundlichen Grüßen nach München …
    - Es grüßt Sie freundlich aus (einem sonnigen) Bielefeld …

3

- Ein schönes Wochenende wünscht Ihnen …
- Mit frühlingshaften (sommerlichen, herbstlichen etc.) Grüßen …

→ Stimmen Sie bitte Gruß und Anrede aufeinander ab. Beides soll zum Vertrautheitsgrad zur angeschriebenen Person passen. Bei »Allerherzlichste Grüße« und der Anrede »Sehr geehrter Herr Dr. Bossel« ist das nicht der Fall.

»Wann passt es Ihnen?« – Termine vereinbaren, verschieben und mehr

Eine Terminabsprache mit einer solchen Frage einzuleiten ist entgegenkommend. Es eröffnet die Möglichkeit einer Gegenfrage, etwa: »Wie dringend ist die Angelegenheit für Sie?« So wird ein für alle Beteiligten günstiger Zeitpunkt gefunden. Müssen Sie einen Termin verschieben, ist das unter bestimmten Voraussetzungen unproblematisch. Hat die Sache noch Zeit und die betreffende Person in der näheren Zukunft Lücken im Kalender, vereinbaren Sie einfach ein neues »Date«. Allerdings zeigen Sie sich dann höflich, wenn Sie eine nachvollziehbare Begründung für diesen Wunsch angeben – je nach Lage der Dinge auch eine Entschuldigung: »Ich bitte Sie (sehr) um Entschuldigung, dass ich Sie so kurzfristig um diese Verschiebung unseres Gesprächtermins bitte. Jedoch …« Haben Sie den Wunsch nach einer Terminverschiebung erfüllt bekommen, danken Sie dafür bei dem späteren Treffen. Dies zeigt, dass Sie das Entgegenkommen würdigen und keineswegs für selbstverständlich halten.

Wollen Sie einen Termin absagen, etwa bei Einladungen zu Veranstaltungen, übermitteln Sie Ihre abschlägige Antwort bitte bis spätestens zum in der Einladung genannten Termin und begründen sie, etwa mit: Verhinderung wegen beruflicher Termine, Verpflichtungen im engeren Familienkreis, Urlaub, Krankheit und ähnlichen Umständen. Bringen Sie in einer solchen Absage zuerst Ihren Dank für die Einladung zum

Ausdruck. Ebenso Ihr Bedauern, nicht teilnehmen zu können. Nach der Angabe des Verhinderungs-Grundes ist auch die Bitte um Verständnis angebracht. Gute Wünsche für den Verlauf der Veranstaltung geben Ihrer Ablehnung auf sympathische Art den letzten Schliff.

Wurde ein Termin vergessen, etwa im Umgang mit der Kundschaft, hilft nur noch eine Entschuldigung. Dann ist die schriftliche Form – am besten als Brief – die empfehlenswerteste.

INFO

SMS, E-Mail, Fax, Brief – welcher Weg für welche Nachricht?

→ Bei der Antwort hilft diese Maxime: Je wichtiger Ihnen ein Anlass ist und umso mehr Sie jemandem Ihre Wertschätzung zeigen wollen, desto geeigneter ist der »gute alte Brief«. Einige Beispiele: Entschuldigungen bei schwerwiegenden Fehlern, Glückwünsche zu besonderen Anlässen, Weihnachts- und Neujahrswünsche. Und einen Kondolenzbrief verschicken Sie bitte immer auf dem Postweg. Für ihn sind die anderen Übermittlungswege tabu. Die Ausnahme: Müssen Sie wegen arbeitstechnischer Abläufe auf eine per SMS, E-Mail oder Fax übermittelte Todesnachricht sofort reagieren, drücken Sie Ihr Mitgefühl bereits auf diesem Weg kurz aus. Sie beweisen dann jedoch guten Stil, wenn Sie den offiziellen Kondolenzbrief so schnell wie möglich hinterherschicken.

→ Überlegen Sie bitte beim Übermittlungsweg auch: Wie sicher ist er mit Blick auf die zeitliche Notwendigkeit sowie unter dem Aspekt der Vertraulichkeit? In dringenden Fällen kann der Griff zum Telefonhörer die klügste Entscheidung sein. Ein Fax ist im Geschäftsleben in der Regel ein recht »öffentliches« Schreiben, das mehrere Personen zu Gesicht bekommen können. Und ganz gegen fremde Einblicke gefeit sind auch E-Mails und SMS-Nachrichten nicht.

4

Prima fürs Berufsklima:

Einladungen und Feste

→ Ob für die Kundenpflege oder zur Verbesserung des Teamgeistes: Zusammenkünfte außerhalb der Arbeitszeit sind eine perfekte Gelegenheit, um Kontakte zu knüpfen oder zu vertiefen. Auch Arbeitsessen erfreuen sich wachsender Beliebtheit. Lässt sich doch so das Angenehme gut mit dem Nützlichen verbinden. Kennen Sie die Dos und Don'ts, werden Sie solche Anlässe genießen.

Gemeinschaft und Kontakte pflegen – nicht nur am Feierabend

Das Mini-Quiz für Ihren persönlichen Schnell-Check zu den Themen Einladungen ins Restaurant, Sitzordnung und Gastgeberrolle:

1. Für geschäftliche Essenseinladungen ein unbekanntes Lokal zu wählen ist ein Risiko. Besser geeignet sind Restaurants, deren Qualität bereits persönlich erprobt wurde. ❏ richtig ❏ falsch
2. Es ist für Gäste angenehm, wenn sie im Restaurant seitens der oder des Gastgebenden Tipps für die Speisenauswahl bekommen. ❏ richtig ❏ falsch
3. Die Rechnung wird am besten am Tisch bezahlt, damit die Gäste dort nicht allein gelassen werden müssen. ❏ richtig ❏ falsch
4. Der Ehrenplatz am Tisch ist nach internationaler Sitte links neben der Gastgeberin oder dem Gastgeber. ❏ richtig ❏ falsch
5. Eine moderne Gastgeberregel besagt: Bei einem vorbestellten Menü sollen immer Austauschgerichte angeboten werden, damit Gästen unerwünschte oder unverträgliche Speisen erspart bleiben. ❏ richtig ❏ falsch

Haben Sie etwas Zeit? Dann lesen Sie bitte das folgende Kapitel. Wenn nicht, schauen Sie einfach auf Seite 125 nach.

Auswahl und Image – zwischen Imbissbude und Gourmettempel

Wenn Sie einladen, prägen Sie sowohl die Atmosphäre eines Zusammenseins als auch Ihr Image bereits durch die Auswahl des Lokals entscheidend mit. Gleichzeitig bestimmen Sie dadurch den finanziellen Rahmen. Und aus diesem wiederum schließt Ihr Geschäftsgast unter Umständen, wie viel er Ihnen »wert« ist. Behalten Sie die folgenden Punkte deshalb bitte immer im Blick, ehe Sie sich für ein Restaurant entscheiden:

- Oberstes Gebot: Gäste sollen sich wohl fühlen. Achten Sie deshalb auf Hinweise wie: »Ich wollte schon seit langem mal die thailändische Küche ausprobieren.« Fehlen solche Informationen, ist es am besten, Vorlieben und Abneigungen direkt zu erfragen.
- Stimmen Sie Anlass und Ambiente aufeinander ab. Eine Einladung ins Sterne-Restaurant zu einem opulenten Menü kann der passende Abschluss eines Millionengeschäfts sein. Als Einstands-Einladung im Kollegenkreis ist sie eher ungeeignet.
- Bedenken Sie bei der Budget-Planung bitte: Es wirkt großzügiger, wenn Sie in einem qualitativ guten Restaurant das Beste anbieten können, statt im Gourmettempel knausern zu müssen.
- Ihr Geschäftsgast möchte auch seinem Image entsprechend behandelt werden. Erfährt zum Beispiel »ein hohes Tier« Ihrer neuen Partnerfirma, dass Sie für seine Essenseinladung das gleiche Lokal gewählt haben, in dem Sie sonst Teambesprechungen abhalten, könnte das zu Unmut führen.
- Wählen Sie am besten ein Restaurant, das Sie kennen und auf dessen Qualität Sie vertrauen können. Eine geschäftliche Einladung eignet sich nicht als »Erforschungs-Abenteuer«. Die Ausnahme: Ihr Gast findet Gefallen an einem solchen Experiment und hat Lust, es mit Ihnen zu unternehmen.

Im Restaurant – so führen Sie gekonnt Regie

Ihre Inszenierung beginnt bereits bei der Reservierung. Bestellen Sie nicht einfach »einen Tisch für vier Personen«, sondern äußern Sie besser spezielle Wünsche. So vermeiden Sie, zum Beispiel »den Katzentisch« neben dem Durchgang zur Küche zugedacht zu bekommen. Wählen Sie lieber eine ruhige Ecke, den Tisch am Kamin oder Ähnliches. Seien Sie trotzdem vorsichtshalber mindestens eine Viertelstunde vor dem vereinbarten Termin vor Ort. So können Sie in Ruhe prüfen, ob alles zu Ihrer Zufriedenheit vorbereitet ist.

Treffen die Gäste ein, beginnt Ihre Spielleitung auf »offener Bühne«. Nachdem die Plätze und die Speisekarten verteilt sind, beweisen Sie hervorragende »Regie-Qualitäten«, wenn Sie Ihren Gästen Hinweise geben wie »Ich hoffe doch sehr, dass wir genügend Zeit für ein Menü haben« oder »Wenn Sie gerne Seezunge (ein anderes der teuersten Gerichte auf der Karte) essen, kann ich Sie Ihnen empfehlen. Fisch ist hier aus-

TIPP

Diskrete Begleichung der Rechnung

→ Klären Sie am besten schon vorab, wie die Bezahlung gestaltet wird. Es gehört nach wie vor zum guten Stil, die Rechnung außer Sicht- und Hörweite der Gäste zu begleichen. Das aber bedeutet zwingend, sie für diese Zeit allein am Tisch zurückzulassen. Die eleganteste Lösung: Sprechen Sie ab, dass Ihnen die Rechnung in die Firma geschickt wird. Dort, wo Sie als Geschäftsgast bekannt sind, wird dieser Wunsch in der Regel ohne weiteres erfüllt. Sind Sie fremd, können Sie als eventuell gewünschte Sicherheit vorab eine Summe anbieten.

gezeichnet.« So wissen Gäste, in welchem Rahmen sie sich bei ihrer Auswahl bewegen können, ohne unverschämt zu erscheinen.

Haben Sie ein gemeinsames Menü für alle bestellt, denken Sie bitte an die moderne Gastgeberpflicht, Austauschgerichte anzubieten. Nach vorheriger Absprache ist das in einem guten Restaurant problemlos möglich. Wird einzeln nach der Karte gewählt, ist es eine freundliche Geste, wenn Sie die Bestellung für alle übernehmen. In einer großen Runde kann das allerdings schwierig werden! Sie können sie dann auch, ohne unhöflich zu sein, jeder und jedem Einzelnen selbst überlassen – Sie warten dann natürlich ganz »gastgeberlike« bis zum Schluss.

»Bitte nehmen Sie Platz« – Sitzordnungen

In einer größeren Runde ist das »Gefälledenken« – je weiter weg von den Gastgebenden, desto unbedeutender – unverändert vorhanden. Bei einem Geschäftsessen bedeutet das also: Die hierarchisch höchste »Trumpfkarten-Person« hat den Anspruch auf den Ehrenplatz. Nach internationaler Sitte ist dieser rechts von der Gastgeberin und/oder dem Gastgeber. Die Plätze links von ihnen und die genau gegenüber gelten als die zweitbesten. Runde Tische sind bei einer größeren Personenzahl übrigens im Vergleich zu einer langen Tafel »Gefälle mindernd«. Haben Sie nur einen Gast oder eine »Trumpfkarten-Person« in sehr kleiner Runde, überlassen Sie ihm oder ihr am besten die Wahl, wo er oder sie sitzen möchte. Bieten Sie die Ihrer Meinung nach schönste und angenehmste Position an: »Möchten Sie vielleicht direkt ans Fenster? Dort können Sie einen herrlichen Ausblick über die Stadt genießen. Oder gefällt Ihnen ein anderer Platz besser?« Denken Sie dabei bitte an das meist latent vorhandene Sicherheitsbedürfnis von Menschen. Die meisten fühlen sich unwohl, wenn sie mit dem Rücken zur Tür sitzen. Viele finden es bereits unangenehm, hinter sich das übliche Restauranttreiben zu wissen. Deshalb gelten solche Plätze als die schlechtesten und werden Ehrengästen erspart.

»Hilfe, ich bin bei meiner Chefin eingeladen!« – ist das nun privat?

Als reine Privatsache sehen Sie das klugerweise nur, wenn Sie mit Ihrer Chefin befreundet sind – was vorkommen kann. Handelt es sich jedoch vielleicht gar um die erste Einladung dieser Art? Dann kalkulieren Sie vorsichtshalber ein, dass Ihre Chefin Sie offensichtlich besser kennen lernen möchte – eventuell auch mit Blick auf Ihre berufliche Zukunft. Vielleicht denkt sie über eine Beförderung nach oder eine Erweiterung Ihrer Aufgaben, etwa mehr Umgang mit der Kundschaft. Möglicherweise möchte sie auch einfach nur das Bild, welches sie von Ihnen hat, vervollständigen oder erweitern. Doch seien Sie ganz unbesorgt. Wenn Sie den üblichen Verhaltensempfehlungen für höfliche Gäste folgen, kann kaum etwas schief gehen. Hier sind zur Erinnerung die wichtigsten Tipps:

- Sie sind selbstverständlich pünktlich, wenn Sie » um … Uhr« eingeladen sind. Nur bei der Formulierung » zwischen … und … Uhr« haben Sie Spielraum mit Ihrem Erscheinen, ohne unhöflich zu sein.
- Dass Sie weder ein Haustier noch einen weiteren, uneingeladenen Gast mitbringen, ist selbstverständlich und wird nur der Vollständigkeit halber erwähnt.
- Sollte Ihre Chefin Kleidungswünsche geäußert haben, halten Sie sich selbstredend daran.
- Eine kleine Aufmerksamkeit als Gastgeschenk ist bei jeder Einladung Usus. Mit einem Blumenstrauß liegen Sie nie verkehrt. Wenn Sie jedoch bestimmte Vorlieben Ihrer Chefin kennen – etwa eine spezielle Sorte Gebäck oder Pralinen –, ist auch eine solche Kleinigkeit eine gute Wahl. Sie zeigt, dass Sie andere Menschen gut beobachten und deren Interessen speichern.
- Wenn Sie sich für Blumen entschieden haben, wissen Sie: In Deutschland wird ein Strauß ausgewickelt mit den Stielen nach unten über-

reicht. Die Ausnahme: Ein in durchsichtige Folie eingepacktes Gebinde wird mit ihr übergeben. Im Zuge steigenden Umweltbewusstseins wird dieses Material allerdings mehr und mehr vermieden. Sollte es sich um eine Einladung mit größerem Gästekreis handeln, schicken Sie Blumen besser vorher. Dann denken Sie natürlich an eine Begleitkarte, auf der Sie schon vorab den Dank für die Einladung ausdrücken.

- Ganz gleich, ob bereits geschickt oder nicht: Bei der Begrüßung – die Chefin reicht die Hand! (→ Seite 30 ff.) – sprechen Sie diesen Dank auf jeden Fall aus.
- Sie setzen sich natürlich erst dann, wenn Sie einen Platz angeboten bekommen haben.
- Ihr Handy haben Sie stumm geschaltet – oder am besten gleich zu Hause gelassen – und telefonieren auch nicht im Beisein anderer.
- Sollten Sie zur »Rauchergilde« gehören, respektieren Sie ein eventuelles Rauchverbot.
- Sie kennen den offiziellen Gästebereich – Wohn- und Esszimmer sowie (Gäste-)Toilette – und wissen, dass alle anderen Räume tabu sind, falls nicht eine ausdrückliche Erlaubnis zum Betreten erfolgt.
- Handelt es sich um eine Einladung zum Essen, kennen Sie sich mit guten Tischsitten (→ Seite 116 ff.) bestens aus und praktizieren diese auch perfekt.
- Sie entwickeln ein Gespür dafür, wann der richtige Zeitpunkt zum Gehen gekommen ist. Sie verlassen also weder fünf Minuten nach dem Dessert das Haus – etwa eine Stunde Verweildauer nach einem Abendessen ist angemessen – noch überhören Sie versteckte Hinweise wie: »Nun, morgen ist für uns beide wieder ein anstrengender Arbeitstag.«
- Bei der Verabschiedung denken Sie daran, für »das exquisite Essen«, »die angenehmen Stunden«, »die interessanten Gespräche«, »den schönen Abend« oder Ähnliches beziehungsweise für all das sowie noch einmal für die Einladung an sich zu danken.

Keine Feier ohne Meier – Betriebsfeste und ihre Tücken

Welche Duz-Fettnäpfchen bei Betriebsfesten trittbereit stehen und wie Sie damit im Notfall umgehen können, wurde bereits beschrieben (→ Seite 48). Warum solche Veranstaltungen oft mit überreichlichem Alkoholgenuss einhergehen, wird wohl eines der Mysterien des Berufslebens bleiben. Was hingegen kein Geheimnis ist: Fließt der Alkohol in Strömen, werden Grenzen noch schneller übertreten – weil gar nicht mehr wahrgenommen –, als es in fröhlicher Feierlaune ohnehin schon leichter als sonst passieren kann. Die wichtigsten Maximen für Betriebsfeste lauten:

1. **SCHÄTZEN SIE IHRE ALKOHOLVERTRÄGLICHKEIT BITTE KRITISCH EIN.**
Lassen Sie sich lieber hänseln, »ja gar nicht richtig mitzuhalten«, als dass Sie aus der Rolle fallen. Oder verlassen Sie das Fest früh genug, falls Sie doch »mithalten« wollen.

2. **BLEIBEN SIE IHRER BERUFLICHEN ROLLE TREU.**
Meinen Sie zum Beispiel nicht, Sie müssten den Kumpel-Typ geben, wenn Sie sonst Wert auf Zurückhaltung legen. Dadurch werden Sie erstens unglaubwürdig und könnten zweitens Schwierigkeiten bekommen, am nächsten Tag die von Ihnen eigentlich gewünschte Distanz wieder herzustellen.

3. **FALLEN SIE AUCH VERBAL NICHT »AUS DER SPUR«.**
Anzüglichkeiten oder schmutzige Witze sowie Diskriminierendes, üble Nachrede oder das typische »Über-andere-Herziehen« haben beim Betriebsfest genauso wenig verloren wie sonst im Arbeitsalltag.

4. **SCHENKEN SIE IHRER KLEIDUNG BEACHTUNG.**
An Höflichkeitsformen zum Beachten von Kleidungswünschen und der starken Signalwirkung von Garderobe ändert auch ein Betriebsfest nichts. Denken Sie daran bitte bei Ihrer Auswahl.

Comeback für Traditionen – Tischsitten heute

Das Mini-Quiz für Ihren persönlichen Schnell-Check zum Thema Tischsitten:

1 Ist jemand im Zuge eines beruflichen Auswahlverfahrens zu einem Testessen eingeladen, schaut er sich am besten alle Tischsitten-Details bei der oder dem Vorgesetzten in spe ab und macht sie nach. ❑ richtig ❑ falsch

2 Um zu zeigen, dass beim Essen nur eine Pause gemacht wird, werden Messer und Gabel rechts sowie links an den Tellerrand gelehnt und dabei mit den Griffen auf dem Tisch abgestützt. ❑ richtig ❑ falsch

3 Gläser, die einen Stiel haben, werden an diesem angefasst statt am Kelch – außer bei Cognacschwenkern. ❑ richtig ❑ falsch

4 Brotstückchen als Schieber zu benutzen, sie in die Suppe zu stippen oder mit ihnen die Sauce aufzutunken zählt in Deutschland immer noch nicht zu den offiziellen Tischsitten-Gepflogenheiten. ❑ richtig ❑ falsch

5 Artischocken sind selbst in einem gehobenen Restaurant stets ein Fingergericht. ❑ richtig ❑ falsch

Haben Sie etwas Zeit, die Antworten herauszufinden? Dann lesen Sie bitte das folgende Kapitel. Möchten Sie das Ergebnis lieber auf einen Blick? Dann schauen Sie einfach auf Seite 125 nach.

Gedeck, Besteck und Nebenzweck – Einladung zum Testessen

»Ach, übrigens: Was ich noch vorschlagen möchte, liebe Frau Weber: Lassen Sie uns doch einfach die letzten Details des Vertrags bei einem gemütlichen Abendessen besprechen. Und bitte bringen Sie unbedingt auch Ihren Mann mit. Er ist ebenso herzlich eingeladen wie Sie!« Begeistert kommt Frau Weber nach Hause: »Du, Wolfgang, den Job hab' ich in der Tasche! Mein zukünftiger Chef hat uns beide sogar schon zum Essen eingeladen!«

Frau Weber hat sich zu früh gefreut. Sicher ist ihr dieser Job noch keinesfalls. Der Grund: Es handelt sich absolut nicht um eine locker-flockige Einladung – mag sie auch so formuliert sein. Es geht vielmehr um ein so genanntes Testessen. Dabei werden das Sozialverhalten – wie geht jemand mit den Restaurantfachleuten und seiner »besseren Hälfte« um – sowie die Tischsitten begutachtet. Letztere gelten als Gradmesser für das gesamte Umgangsformen-Know-how nach dem Motto: Wenn jemand im Elternhaus gute Tischmanieren gelernt hat, wird er wohl auch Weiteres zu gutem Benehmen beigebracht bekommen haben. Was eine nachvollziehbare These ist.

Bei solchen Testessen geht es in der Regel nicht darum, die Kandidatin durch extrem seltene oder exotische Speisen zu verunsichern. Die wichtigsten Details »ganz normaler« gepflegter Tischsitten sind hingegen unerlässlich.

Und Vorsicht bitte bei Ratschlägen wie: »Wenn du etwas nicht weißt, schau dir doch einfach ab, wie die Personalchefin oder der Vorgesetzte in spe es macht und übernimm dies dann so.« Das kann aus folgendem Grund ein Schlag ins Wasser sein: Es gibt »Tester«, die mit voller Absicht Fehler begehen, um zu sehen, ob jemand diese nachmacht. Damit wäre dann der Beweis erbracht, dass die oder der Eingeladene keine Ahnung hat.

Beachten Sie bitte einfach die folgenden Tipps und Sie sind (nicht nur) bei Testessen auf der sicheren Seite:

- Brot und Brötchen essen Sie beim Lunch oder Dinner, nachdem Sie sich etwas Butter auf den kleinen Teller geholt haben, nach der »Bröckchen-Flöckchen-Methode«: Ein Bröckchen davon abbrechen, ein Flöckchen Butter darauf geben und aufessen. So geht es Biss für Biss weiter, statt »Stullen« zu schmieren und davon abzubeißen.
- Sie wissen, dass es im Gegensatz zu anderen Ländern in Deutschland immer noch nicht als »comme il faut«, also als bei Tisch angebracht angesehen wird, Brotstückchen als Schieber zu benutzen, in Suppe oder in Sauce zu tunken. Zumindest in offiziellen Situationen – zu denen ein Testessen zweifelsfrei gehört – verzichten Sie deshalb darauf.
- Sie benutzen die Serviette richtig: Während des Essens liegt sie – einmal eingeschlagen – auf dem Schoß. Vor jedem Griff zum Glas tupfen Sie sich mit ihr den Mund ab, um unschöne Fettspuren am Glasrand zu vermeiden. Verlassen Sie während des Essens den Tisch, legen Sie die Serviette locker zusammengefaltet nicht – wie in den USA üblich – auf den Stuhl, sondern links neben das Gedeck. Dort ist auch der »Endparkplatz«, wenn das Essen beendet ist.
- Sie denken daran, ein Glas mit einem Stiel an ihm anzufassen, statt den Kelch mit der Hand zu umschließen. Ausnahmen davon gibt es lediglich bei Cognacschwenkern.
- In Erinnerung an frühere Zeiten (»Kind, sitz gerade und nimm sofort die Ellenbogen vom Tisch!«) achten Sie darauf, dass eine freie Hand bis maximal zum Handgelenk auf dem Tisch liegt. Und statt den Kopf über den Teller zu senken, befördern Sie die Speisen zum Mund.
- Selbst wenn Sie es noch so lecker finden: Außerhalb Ihrer eigenen vier Wände verzichten Sie darauf, beispielsweise Kartoffeln und Butter mit der Gabel zu einem Brei durcheinander zu quetschen. Eine solche »Muserei« ist in der Öffentlichkeit nach wie vor verpönt.
- Sie verstehen es meisterhaft, mit dem Besteck zu hantieren. Sie neh-

men Messer und Gabel nicht wie Kugelschreiber oder Mistforken in die Hand, sondern fassen die Griffe von oben. Dabei achten Sie darauf, dass Ihre Zeigefinger in gebührendem Abstand zur Klinge und zu den Zinken bleiben. Sind für ein aufwändiges Menü viele »Esswerkzeuge« gedeckt, gebrauchen Sie die Besteckteile von außen nach innen. Unterbrechen Sie das Essen, legen Sie Gabel und Messer auf dem Teller mit den Spitzen zur Mitte zeigend ab, statt die Besteckteile rechts und links schräg an den Tellerrand zu lehnen und mit den Griffen auf dem Tisch(-tuch) abzustützen.

→ Sie ersparen anderen am Tisch »Gänsehaut«, indem Sie keine Kratzgeräusche mit dem Messer auf dem Teller produzieren. Es ist weder zum Schaben noch zum Schieben, sondern ausschließlich zum Schneiden da. Außerdem verzichten Sie auf »Messerputzaktionen« dieser Art: Die Messerklinge wird vom Anfang bis zur Spitze an einem abgeschnittenen Fleischstück entlanggezogen – etwa auch noch mit jeder Seite –, ehe es gegessen wird. Die Gabel stecken Sie mit der Wölbung nach oben ein, wenn Sie etwas abschneiden wollen. Sie halten sie umgekehrt, um Beilagen zum Mund zu transportieren.

→ Sie kennen natürlich auch die »geheime Bestecksprache«. Offenes Ablegen bedeutet »Ich unterbreche nur das Essen« beziehungsweise »Ich möchte noch einen Nachschlag bekommen« (falls ein Nachservier-Service vorgesehen ist, was in Restaurants immer seltener wird). Wollen Sie signalisieren, dass Sie mit dem Essen (dem Gang) fertig sind, legen Sie das Besteck parallel rechts schräg unten auf dem Teller ab – wenn Sie ihn sich als Uhr vorstellen, etwa zwischen »halb fünf bis fünf Uhr«. Dabei kommt die Gabel nach vorn, das Messer mit der Schneide zu ihr dahinter.

→ Bei Speisen, die auf einem Unterteller serviert wurden, beherrschen Sie ebenfalls die richtige Ablegetechnik: Besteckteile finden am Schluss ihren Platz auf dem Teller, statt dass sie beispielsweise in einem Glas »stehen«, aus dem Sie einen Meeresfrüchte-Cocktail gegessen haben.

Das gilt übrigens auch für kleine Löffel in Kaffee- oder Teetassen! – Unterteller vorausgesetzt.

→ Ihnen sind selbstverständlich die bei uns geltenden Tischsitten-Tabus geläufig: Schlürfen, schmatzen und rülpsen gehören genauso dazu wie jegliche Arten von Körperpflege-Aktionen. Dazu zählt für Business-Frauen auch das Nachziehen der Lippen am Tisch. Ebenso verpönt: einen Zahnstocher dort zu benutzen. Ersparen Sie bitte Ihren »Mitessern« diesen Anblick.

Vom ersten bis zum letzten Happen – alles in Butter!

Selbstverständlich gilt für Tischsitten wie für alle modernen Umgangsformen: Sie werden je nach »Spielfeld« und »Mitspielenden« variabel gehandhabt. Doch Lockerheiten, die Ihnen im privaten Umfeld niemand übel nehmen würde, könnten im beruflichen Bereich unangenehme Folgen haben. Betrachten Sie deshalb am besten alle Geschäftsessen als »offiziell«. Zumindest solange Sie nicht wissen, wie traditionell beispielsweise eine Geschäftspartnerin oder ein Kunde eingestellt ist. So ist es empfehlenswert, sich auch an die formellen Verzehrgepflogenheiten einzelner Speisen zu halten. Die meisten Unsicherheiten bestehen dabei mit Blick auf Fingergerichte: Was zählt offiziell eigentlich dazu? Um es gleich vorwegzunehmen: Der viel zitierte Hähnchenschenkel nicht – jedenfalls nicht überall. Lediglich in rustikaler Umgebung wie im Biergarten, auf Volksfesten, in Hähnchen-Grillstationen oder Fastfood-Lokalen gilt es nicht als Fauxpas, ihn in die Hand zu nehmen. Im Restaurant hingegen wird von einem »wissenden« Gast erwartet, dass er »den Bollen« und anderes Geflügel mit Besteck verzehrt. Anders ist das bei den in der Gastronomie allgemein üblichen Fingergerichten. Sie werden selbst im Sterne-Restaurant ohne Bedenken mit den Fingern gegessen. Deshalb gibt es dazu auch zum Säubern der Hände ein Schälchen mit Wasser – meist mit einer Zitronenscheibe darin –, auch Fingerbowl genannt.

Zu den offiziellen Fingergerichten gehören:

- Schalen- und Krustentiere (wie Krabben, Garnelen, Krebse, Langusten, Hummer), wenn nicht ausgelöst; Austern und (Mies-) Muscheln, sofern nicht überbacken
- Wachteln
- Spareribs
- Artischocken
- Chicken-Wings, Dips und alles, was als »Fingerfood« – zum Beispiel in Büfett-Form – angeboten wird. Allerdings sind dazu Fingerschalen nicht üblich.

Einige dieser Gerichte lassen sich tatsächlich nur mit den Fingern »gefahrlos« verzehren. Spareribs würden mit größter Wahrscheinlichkeit vom Teller »hüpfen«, wenn Sie versuchten, ihnen mit Messer und Gabel zu Leibe zu rücken.

Auch einer Artischocke kommen Sie mit Besteck anfangs nicht bei. Nur zum Schluss brauchen Sie eins, um das ungenießbare »Heu« – falls nicht bereits in der Küche entfernt – vom Artischockenboden abzuheben und diesen dann mit Messer und Gabel (oder mit ihr allein) zu essen. Vorher »enthüllen« Sie ihn, indem Sie Runde für Runde – von außen nach innen – die Blätter abzupfen. Diese tunken Sie dann mit dem unteren fleischigen Ende in die Sauce und lutschen sie aus.

(Mies-)Muscheln sind Speise und Esswerkzeug zugleich. Ein Schalenpaar benutzen Sie wie eine Zange, um das Muschelnfleisch aus den weiteren herauszuziehen. Allenfalls aus dem ersten »Duo« entfernen Sie es mit einer Gabel. Austern werden Ihnen in der Regel bereits aufgebrochen serviert. Somit brauchen Sie das kurze, stumpfe Messer mit kräftigem Stiel – den Austernbrecher – in der Gastronomie kaum. Ein anderes Hilfswerkzeug hingegen schon: die Austerngabel. Mit ihr trennen Sie das Fleisch am so genannten Bart oder Austernpunkt ab.

Nun wird die »Edelmuschel« an den Mund genommen und ausgeschlürft. Sie lesen durchaus richtig: Was sonst verpönt ist, gehört hier dazu. Allerdings schafft es ein Austernfan, geräuschlos zu schlürfen. Dies gilt auch für den Fall, dass er die Auster und das Wasser nacheinander zu sich nimmt.

Krebse, Hummer und Langusten können Sie ebenfalls nicht verzehren, ohne die Finger zu verwenden. Die Hummerscheren (Langusten haben keine) sowie die kleinen Beinchen trennen Sie vom Körper und brechen sie in den Gelenken. Wenn selbst die extrem schlanke, lange Hummergabel nicht hineinpasst, um das Fleisch herauszuziehen, saugen Sie die Beinchen einfach aus. Die Hummerzange brauchen Sie in der Gastronomie nur selten. Mit ihr wird der Panzer aufgebrochen, was meistens bereits vor dem Servieren geschieht. Das Schwanzteil einer Languste oder eines Hummers wird wie ein Stück Fleisch mit Messer und Gabel gegessen, am besten, nachdem Sie es aus dem Panzer gehoben haben. Genau genommen sind diese Meerestiere also »Halbfingergerichte«. Anders bei Krebsen: Mit dem speziellen Messer schlitzen Sie den Panzer auf, falls es allein mit den Fingern nicht

TIPP

Sie haben die Wahl

→ Garnelen gehören zwar zu den offiziellen Fingergerichten. Doch haben Sie keine Lust auf fettige Hände, können Sie auch Besteck verwenden. Zwischen Kopf- und Schwanzteil gibt es eine »Schwachstelle«, in die Sie mit der Gabel hineinstechen und dann die Teile auseinander schneiden können. Danach lässt sich der Panzer mithilfe des Messers – meist Stück für Stück – abheben. Zum Festhalten stecken Sie dabei die Gabel in das freiliegende Stück des Schwanzteils.

klappt. Das Schwanzteil wird herausgeholt, wenn Soßen bereitstehen, hineingestippt und mit den Fingern zum Mund geführt. Die kleinen Beinchen können Sie zum leichteren Brechen durch das Loch des Krebsmessers schieben.

Schnecken sind zwar – weil brutzelnd heiß serviert – niemals ein Fingergericht. Sie sollen hier aber wegen der folgenden Ausnahme erwähnt werden: Es kann gestippt werden, ohne dass selbst sehr Traditionsbewusste daran Anstoß nehmen würden. Der Grund: Aus den kleinen Vertiefungen eines Schneckentellers können Sie die flüssige Knoblauch- oder Kräuterbutter nur aufnehmen, indem Sie das Brot hineintunken. Je nach Servierart brauchen Sie eventuell als Hilfsbesteck die Schneckenzange und -gabel. Sind die Schnecken im Gehäuse, fassen Sie es mit der Zange, kippen die flüssige Butter in den dafür bestimmten großen Löffel und ziehen das Fleisch mit der kleinen Gabel heraus.

Neun weitere Tipps, wie Sie beim Geschäftsessen Furore machen

1. Bekommen Sie in einem gehobenen Restaurant kurz nach Ihrer Bestellung »einen kleinen Gruß aus der Küche« (oder: »… des Hauses«, »… vom Küchenchef«) serviert, handelt es sich um das Amuse-Gueule, das auch Amuse-Bouche genannt wird. Es ist als Zeitüberbrücker sowie Gaumenkitzler gedacht und erscheint nicht als Extraposten auf der Rechnung. Wenn Sie sich ein laut geäußertes Erstaunen »Aber das habe ich doch überhaupt nicht bestellt!?« verkneifen, beweisen Sie Restaurant-Sachverstand.
2. Zwar gilt auch heute noch: Alles, was problemlos ohne Hilfe des Messers zu zerkleinern ist, wird nur mit der Gabel gegessen, etwa Rührei und weiche Pastete. Frühere Schneideverbote wie für Kartoffeln, Spargel, Salat sowie Gemüse ganz allgemein und gekochte Eier sind jedoch aufgehoben.

3 Trotzdem kann es manchmal besser sein, auf das Schneiden der Kartoffeln zu verzichten. Wenn Sie zum Beispiel viel Sauce genießen möchten, zerteilen Sie die Erdäpfel lieber nach wie vor mit der Gabel. Eine glatte Schnittfläche würde keine Sauce aufnehmen und das Durcheinanderquetschen ist – wie bereits erwähnt – nach wie vor ein echter »Tischsitten-Fauxpas«.

4 In Restaurants der gehobenen Klasse lohnt sich in diesem und ähnlichem Fall die Frage nach einem Gourmetlöffel. Seine Hauptaufgabe besteht darin, dass Sie mit ihm Sauce von einem flachen Teller löffeln können. Deshalb wird er manchmal zu Fleischgerichten oder zu Desserts gereicht, öfter allerdings zum Fischgang. Dann kann er das Fischmesser ersetzen oder auch als dritter Besteckteil zusätzlich zum speziellen Fischbesteck gebraucht werden.

5 Lassen Sie sich bei einer eng gedeckten Tafel nicht verwirren, welcher Brotteller »Ihrer« ist. Grundsätzlich gehört der links stehende zu einem Gedeck.

6 Als Gast warten Sie mit dem Essen, bis die oder der Gastgebende das Signal dazu gibt: durch Ergreifen des Bestecks und einen aufmunternden Blick in die Runde.

7 »Guten Appetit« zu wünschen eignet sich bei einem offiziellen Festessen – auch Bankett genannt – auf keinen Fall. Ob es in kleiner Runde gesagt wird, ist Geschmackssache. Dies steht jedoch fest: Ein Gast sagt es nie als Erster.

8 Ebenso wartet er mit dem Trinken, bis Gastgebende mit dem Zuprosten das Zeichen dazu geben. Gibt es während eines Menüs mehrere Weine, gilt das bei jeder neuen Sorte. Für Mineralwasser hingegen besteht keine »Wartepflicht«. Es kann sowohl vor als auch während des Essens jederzeit ohne Aufforderung genossen werden.

9 Das formelle »Zum Wohl« oder »Auf Ihr Wohl« ist beim Zuprosten die eleganteste Version. Ein lockeres »Prost« oder »Prösterchen« passt nur zur Stammtischatmosphäre.

Pleiten, Pech und Pannen – Krisenmanagement mit Gelassenheit

Ein Missgeschick kann jeder und jedem passieren. Fehler kommen nun mal vor, weil sie menschlich sind. Ein Ausrutscher ist nicht gleichbedeutend mit einem wissentlichen Affront. Wenn Sie das berücksichtigen, werden Sie so manche Situation gar nicht erst als Krise einstufen. Und das hilft enorm, eine – vielleicht gar nur vermeintlich – prekäre Situation mit Fassung und Umsicht zu entspannen. Oft ist es nämlich so, dass der »Peinlichkeits-Faktor« von der verursachenden Person viel höher eingestuft wird als von anderen Anwesenden. Deshalb gilt: Dramatisieren Sie kleine Malheurs nicht.

→ Ihnen ist ein Besteckteil auf den Boden gefallen oder die Serviette unter den Tisch gerutscht. »Tauchen« Sie nicht hinterher. Bitten Sie einfach eine Servicekraft um Ersatz.

→ »Die eine« nicht entsteinte Kirsche im ganzen Kuchen ist – natürlich! – in Ihrem Mund gelandet. Vor lauter Gräten schmecken Sie den Fisch kaum noch. Ein Knorpelteilchen verdirbt Ihnen den Appetit. Kein Grund, nervös zu werden. Schieben Sie Ungenießbares mit der Zungenspitze auf das Besteckteil, mit dem Sie es auch in den Mund befördert haben, und legen Sie es auf dem Teller ab. Wenn möglich etwas versteckt, etwa unter einem Salatblatt.

→ Sie haben sich böse verschluckt oder bekommen aus Erkältungsgründen einen schweren Hustenanfall. Verlassen Sie am besten mit einer knappen Entschuldigung – das eine Wort ist bereits höflich genug – an die Person(en) neben Ihnen den Tisch.

→ Ihnen ist das Missgeschick passiert, dass Sie ein Glas umgestoßen haben. Selbst wenn sich nun Rotwein über das Tischtuch ergießt: Fangen Sie nicht an, hektisch daran herumzutupfen oder andere Rettungsmaßnahmen einzuleiten. Es zählt zu den Aufgaben der Servicekräfte, solche Pannen zu beheben, beispielsweise, indem die Stelle mit einer frischen Serviette überdeckt wird. Bei aufmerksamem Service geschieht das von allein. Wenn nicht, bitten Sie einfach um Hilfe.

- Ist das Eigentum anderer – etwa die Kleidung – in Mitleidenschaft gezogen worden, bieten Sie mit Ihrer Bitte um Verzeihung die Übernahme der entstehenden (Reinigungs-)Kosten an. Eine zusätzliche freundliche Geste: Schicken Sie am nächsten Tag einen kleinen Blumengruß mit nochmaliger Entschuldigung.
- Sie haben Geschäftsgäste ins Restaurant eingeladen und wurden auf dem Weg dorthin durch widrige Umstände aufgehalten. Natürlich ist es peinlich, wenn die Eingeladenen vor Ihnen dort eintreffen. So können Sie die Situation entspannen: Informieren Sie nicht nur die Gäste, sondern rufen Sie auch im Restaurant an. Bitten Sie darum, sie in Ihrem Namen zu empfangen und bis zu Ihrem Eintreffen vorab mit Getränken zu versorgen.
- Das Haar in der Suppe, die Schnecke im Salat, ein versalzenes Gericht, der korkige Wein – Pannen, die es in der Gastronomie immer mal geben kann. Reklamieren Sie in solchen Fällen bitte ruhig und freundlich, zumindest sachlich. Bedenken Sie dabei bitte, dass diejenigen, die serviert haben, die Unschuldigsten an dem Problem sind. Als Gastgeberin oder Gastgeber tun Sie Ihren Gästen einen Gefallen, wenn Sie ihnen eine notwendige Reklamation abnehmen. Entdecken Sie bei einem Gast Anzeichen von Unbehagen, fragen Sie in kleinem Kreis am besten direkt, ob etwas beziehungsweise was nicht in Ordnung ist. In größerer Runde ist es diskreter, eine Servicekraft mit dieser Nachfrage zu beauftragen.

Auflösungen zu den Mini-Quiz

Seite 7
1. falsch, 2. falsch, 3. richtig, 4. falsch.

Seite 22
1. falsch, 2. falsch, 3. richtig, 4. richtig. 5. richtig, 6. falsch.

Seite 29
1. falsch, 2. falsch, 3. falsch, 4. richtig, 5. richtig.

Seite 49
1. falsch, 2. falsch, 3. richtig, 4. richtig, 5. richtig, 6. falsch.

Seite 65
1. richtig, 2. richtig, 3. falsch, 4. falsch, 5. falsch.

Seite 90
1. richtig, 2. falsch, 3. richtig, 4. falsch, 5. falsch, 6. richtig.

Seite 98
1. richtig, 2. falsch, 3. falsch, 4. richtig, 5. falsch, 6. falsch.

Seite 107
1. richtig, 2. richtig, 3. falsch, 4. falsch, 5. richtig.

Seite 114
1. falsch, 2. falsch, 3. richtig, 4. richtig, 5. richtig.

Adresse der Autorin

Sie erreichen Inge Wolff
per Post: Falkstraße 14,
33602 Bielefeld
per Fax: (0521) 9 67 00 83
per E-Mail: inge.wolff.umgangsformen@t-online.de
Homepage:
www.ingewolff.de

Bücher, die weiterhelfen

Weitere Bücher der Autorin

Anti-Blamier-Knigge. So verbessern Sie Ihren Auftritt. Gräfe und Unzer Verlag

Der Knigge-Coach. Umgangsformen erfolgreich vermitteln. Tipps für Schule und Zuhause. Universum Verlag

Der richtige Stil für Brief & E-Mail. Tosa Verlag

Die schönsten Ideen rund um die Taufe. Urania Verlag

Herzlichen Glückwunsch. Gratulieren leicht gemacht. Gräfe und Unzer Verlag

Umgangsformen – ein moderner Knigge. Bassermann Verlag

Umgangsformen heute. Goldmann Verlag

Was geht? Dein Knigge-Ratgeber. Für Teenager. Universum Verlag

Bei Gräfe und Unzer erschienen

Bonneau, Elisabeth: *300 Fragen zum guten Benehmen*

Bonneau, Elisabeth: *Erfolgsfaktor Smalltalk*

Bonneau, Elisabeth: *Gastgeber-Knigge*

Engelbert, Sonja/Hain, Gerhard: *Auslands-Knigge*

Hertzer, Karin: *Rhetorik im Job*

Rupprecht-Stroell, Birgit: *Job-Knigge*

Wahl, Heidi: *Rhetorik*

Witt, Ute: *Ess- und Tisch-Knigge*

Zu Gesprächsführung und Kommunikation

Cooper, Robert K./Sawaf, Ayman: *EQ, Emotionale Intelligenz für Manager.* Heyne Verlag

Goleman, Daniel: *Emotionale Intelligenz.* dtv

Gordon, Thomas A.: *Ich bin o. k. Du bist o.k.* rororo

Schulz von Thun, Friedemann: *Miteinander reden (1–3).* Rowohlt

Weisbach, Christian-Rainer: *Professionelle Gesprächsführung.* dtv

Register

Impressum

Programmleitung:
Steffen Haselbach
Leitende Redaktion:
Anita Zellner
Redaktion:
Esther Szolnoki
Lektorat:
Dunja Reulein
Umschlag und Gestaltung:
indepedent Medien-Design
Titelillustration:
Isabelle Follath/if illustration
Herstellung:
Bettina Häfele
Satz:
Uhl+Massopust, Aalen
Repro:
Fotolitho Longo, Bozen
Druck und Bindung:
Kaufmann, Lahr

Umwelthinweis
Dieses Buch wurde auf chlorfrei gebleichtem Papier gedruckt. Um Rohstoffe zu sparen, haben wir auf Folienverpackung verzichtet.

ISBN (10)
3-8338-0135-2
ISBN (13)
987-3-8338-0135-8
Auflage 5. 4. 3. 2. 1.
Jahr 10 09 08 07 06

Wichtiger Hinweis

Die Beiträge in diesem Buch sind sorgfältig recherchiert und entsprechen dem aktuellen Stand. Abweichungen, beispielsweise durch seit Drucklegung geänderte Preise, Gebühren,Anlageentwicklung en, WWW-Adressen, etc., sind nicht auszuschließen. Weder Autorin noch Verlag können für eventuelle Nachteile oder Schäden, die aus den im Buch gegebenen praktischen Hinweisen resultieren, eine Haftung übernehmen.

GRÄFE UND UNZER
Ein Unternehmen der
GANSKE VERLAGSGRUPPE

Das Original mit Garantie

Ihre Meinung ist uns wichtig.

Deshalb möchten wir Ihre Kritik, gerne aber auch Ihr Lob erfahren. Um als führender Ratgeberverlag für Sie noch besser zu werden. Darum: Schreiben Sie uns! Wir freuen uns auf Ihre Post und wünschen Ihnen viel Spaß mit Ihrem GU-Ratgeber.

Unsere Garantie: Sollte ein GU-Ratgeber einmal einen Fehler enthalten, schicken Sie uns das Buch mit einem kleinen Hinweis und der Quittung innerhalb von sechs Monaten nach dem Kauf zurück. Wir tauschen Ihnen den GU-Ratgeber gegen einen anderen zum gleichen oder zu einem ähnlichen Thema um.

GRÄFE UND UNZER VERLAG
Redaktion Leben & Lernen
Postfach 86 03 25
81630 München
Fax: 089/41981-113
E-Mail: leserservice@graefe-und-unzer.de